阿威羅伊

費里

第歐根尼

阿奎那

萊布尼茲

馬基維利

帕斯卡

巴舍拉

奧古斯丁

莊子

孟德斯鳩

西呂尼克

尼采

霍布斯

孔子

伏爾泰

薇依

牛頓

伊比鳩魯

盧梭

大德蘭

德波

亞里士多德

李維史陀

邁蒙尼德

佛洛伊德

康德

薩德

休謨

德勒茲

智者星球

地球哲學與哲學家百科全書

〔法〕朱勒（Jul） 夏爾·佩潘（Charles Pépin） 編繪　　陳思 譯

JPC
HK

責任編輯	陳喬煒	
封面設計	任媛媛	

書　　名　智者星球 地球哲學與哲學家百科全書

著　　者　〔法〕朱勒（Jul）　夏爾·佩潘（Charles Pépin）編繪　　陳思　譯

出　　版　三聯書店（香港）有限公司

香港北角英皇道 499 號北角工業大廈 20 樓

Joint Publishing (H.K.) Co., Ltd.

20/F., North Point Industrial Building,

499 King's Road, North Point, Hong Kong

發　　行　香港聯合書刊物流有限公司

香港新界大埔汀麗路 36 號 3 字樓

印　　刷　美雅印刷製本有限公司

香港九龍觀塘榮業街 6 號 4 樓 A 室

版　　次　2020 年 1 月香港第一版第一次印刷

規　　格　16 開（180 × 240 mm）132 面

國際書號　ISBN 978-962-04-4454-8

© 2020 Joint Publishing (H.K.) Co., Ltd.

Published & Printed in Hong Kong

目錄

我思啊思

我看看……

如果用對方法的話，應該是可以實現的……

從邏輯上講，概念 a 是從概念 b 中導引出的。

按照這裏所描述的那樣把它放進這一部分裏面……

應該可以很自然地得到一個大的集合！

但是從原理上講，b 和 c 是分離的。

我應該能夠由此推斷出 a 的本質。

怎麼樣，勒內……

有進展了嗎？

你呀……

一看就知道你從來沒裝過宜家的架子！

笛卡兒
René Descartes

法國哲學家、數學家（1596－1650），「普遍懷疑」與「臨時性行為規範」的發明者，著有《形而上學的沉思》和《方法論》（又譯《談談方法》）。在《方法論》一書中，他寫下了類似於「我思故我在」的話。

笛卡兒希望徹底重建人類的知識體系，為上帝的存在提供全新的合理證明 —— 足見他不乏在知識界有所建樹的野心……但他同時也貼心地指出，此類真理對於人類的日常生活並沒有絲毫的幫助！

舉個例子，如果您在森林裏迷路了應該怎麼做呢？思考？千萬不要！隨便選擇一個方向然後堅定不移地走下去！笛卡兒如是建議。保持直行，您總會走出去的 —— 這取決於意志，而非智慧！在思考過度的情況下，您或許會反覆更換策略，原地打轉直到死去為止。在宜家家居的家具面前，我們正如身處夜幕降臨時的森林 —— 最可怕的敵人是我們的思想；最有利的王牌則是愚蠢地追隨說明書上的指示。這就是笛卡兒在上一頁漫畫所描述的情景發生不久後，最終參透的道理。行動的世界並非形而上真理的世界。形而上真理的世界是思想的國度，是探尋普遍真理的國度；行動的世界遵循着別的規則：在**等待**假定的「自然之光」的同時，我們必須在懷疑中行動。我們必須藉意志 —— 笛卡兒告訴我們，人類的意志是無限的 —— 來彌補思考的局限性。

尋找完美男神

蒙：哈囉，你經常上蜜糖網*嗎？
波：必須的 ☺

蒙：你有什麼愛好？
波：體育（PSG）/ 電玩 音樂（R&B）**

蒙：酷！音樂愛好者 +1 ;）

波：你在波爾多？
蒙：是，你呢？

波：我也是，Yeah！:o
蒙：哇，蜜糖網果然是交友神器！

波：見面嗎？

蒙：下午 1 點，麥當勞門口。

波：我們帶着 Beyoncé 的最新專輯，以便互相辨認。

蒙田！你來這裏搞什麼？

拉波哀西！怎麼又是你！

---

* 蜜糖網（Meetic）：法國著名在線交友網站。——譯者注（本書注釋多為譯者所加，以下不一一注明）

** PSG 是 Paris Saint-Germain 的縮寫，指巴黎聖日耳門足球會；R&B 是 Rhythm and Blues 縮寫，指節奏藍調。

蒙田
Michel de Montaigne

法國作家、哲學家（1533-1592），只著有一部作品——《隨筆集》。這本傾注了其一生的著作為近現代內省法奠定了基礎，也正是在這本書中，他寫下了在那個時代看來驚世駭俗的句子：「我唯一的計劃就是描繪我自己。」

「即便擁有世上最美的寶座，人也只能坐在自己的屁股上。」通過此類文字，我們可以看出米歇爾·蒙田是一位與眾不同的哲學家。他曾做過法官、軍人、外交官、波爾多市長、女人們的伴侶、丈夫……最終撰寫了《隨筆集》。他絕非不惜一切尋找絕對真理的宏大體系建構者，而是一個懷疑論者和相對論者。他令法國的上空飄過了一縷清風。

然而這個相對論者卻遇到了一點絕對：他與拉波哀西（Étienne de La Boétie）之間的友誼。後者在 18 歲時撰寫了卓越超群的《自願奴役論》一書，逝世時年僅 32 歲。當讀到拉波哀西筆下的那句「暴君之所以高大，是因為我們雙膝跪地」時，我們便明白他們終究是要相遇的。我們能夠隱約看出兩者之間智慧的貫通和相互的啟迪，這也是蒙田終其一生都在懷念的。在寫下「探究哲理就是學習死亡」[1]那一段的時候，蒙田腦海裏出現的是他的朋友拉波哀西，那位與鼠疫和死亡莊嚴地抗爭了三天的拉波哀西。整部《隨筆集》可以說是蒙田在青年時期和一個近乎完美的、名為拉波哀西的人談話的延續。

1　譯文參考了潘麗珍、王論躍、丁步洲譯《蒙田隨筆全集》，譯林出版社，1996 年。

* 1846 年，齊克果與《海盜報》之間發生過一場曠日持久的衝突，後者對齊克果進行了大量的人身攻擊，文章多配以諷刺漫畫。

** 即 *Bienvenue chez les Ch'tis*，是 2008 年上映的一部法國喜劇片，影片調侃法國的南北差異，尤其是南方人對北方的偏見和恐懼。該片打破了當時幾乎所有的票房紀錄，在法國家喻戶曉。

齊克果
Søren Kierkegaard

丹麥哲學家、神學家（1813－1855），著有《致死的疾病》及《畏懼與顫慄》，他反對教會並提出了信仰的個體、具體意義——存在意義。

不，首先令齊克果感到沮喪的不是北方思想，也並非波羅的海沿岸湖泊上空飄浮的霧氣，而是西方的智者：黑格爾（Georg Hegel）。那位認為歷史源於東方止於西方的黑格爾，在齊克果眼中正是西方抽象思想之狂妄的代名詞，是企圖假借辯證法超越雙方矛盾對立的那種思想的代名詞。齊克果與黑格爾相反，他堅持認為具體存在才是首要的，而具體存在包含了不可超越的矛盾，其所包含的焦慮也是難以割離的。存在並非如黑格爾所述，是本質的一個環節（黑格爾將世界的存在形容為思想實現自身認知的一種方式）。存在一直都在那裏。我們身在其中，是自由的，但這種自由卻是令人惶恐的。沙特（Jean-Paul Sartre）——曾引用齊克果的觀點，並提出「焦慮是自由對自身反思的把握」——將這種自由形容為「駭人」的。齊克果正因站在黑格爾的對立面而成功地鋪下了存在主義的第一塊基石。不過，齊克果並非僅僅因為黑格爾的哲學體系而感到絕望。作為家中七個孩子裏最小的一個，他在短短幾年之中失去了母親和五個兄弟姐妹。他的父親在悲痛之中得出了一條荒謬的理論：他們一家受到神的詛咒，他的孩子都會在活到耶穌的年齡之前從他身邊被奪走。齊克果有一段時期和父親持有相同的觀點，他一直害怕自己也會在 33 歲時死去，直至 42 歲逝世他才打破了這個詛咒。

現在我想請您思考一下柏格森（Henri Bergson）的這句話：「我從不讓他人過問我的生活……我始終堅信 位哲學家的生活對於其學說的建立沒有任何幫助。」

* 「堂吉訶德之子」協會是一家法國慈善機構，於 2006 年成立，致力於收容、照顧無家可歸者。
** 原文為雙關語，Cynisme 一詞兼有「犬儒主義」和「厚顏無恥」的意思。

第歐根尼
Diogenes

古希臘哲學家（約公元前 412 年－約前 323 年），亦被稱作「犬儒主義者第歐根尼」，或「狗第歐根尼」，他對當時的社會準則、道德觀念、神祇崇拜及柏拉圖（Plato）崇拜等提出了異議。

第歐根尼絕不僅僅滿足於住在木桶裏，也絕不僅僅滿足於在公共場所自慰。這位邋遢版的蘇格拉底（Socrates）還是一位出色的教育家，因此他才會在大白天提着一盞點亮的燈籠一邊散步，一邊用下面這個謎語來回答那些好奇者的問題：「我在尋人。」人，是的，就是柏拉圖和其他哲學家一直在我們耳邊絮絮叨叨的理想之人。您呢，您看見人了嗎？一天，第歐根尼揮舞着一隻拔光了毛的雞，「這就是人」，他向所有人宣稱。因為他們牢記柏拉圖派對於人的定義 —— 兩足無毛動物。傳說提到他向雕塑乞討，只為能讓自己習慣被拒絕。還有在臨終之際，他接見了希望與他會面的馬其頓國王亞歷山大大帝。「告訴我你想要什麼，我給你。」亞歷山大大帝對他如是說。「你只要走開，別擋住我的陽光就行了。」第歐根尼似乎回答了這麼一句，然後就因為從一隻狗的嘴裏搶骨頭被狗咬傷而去世了。能像狗一樣活着的人都是神 —— 這便是犬儒主義者第歐根尼的思想。「犬儒」（cynique）一詞源於希臘語中的「犬」（*kunos*）：只因第歐根尼和他的朋友們常在一條犬形的柱廊下聚會。像狗一樣活着 —— 儘可能地貼近身體，儘可能地遠離世俗。蘇格拉底愛諷刺，他想讓有資者有所行動，但目的是促使其進步；而犬儒學派的第歐根尼則純粹是出於好玩去刺激資產階級，為了從驚嚇後者的過程中獲得快感 —— 因為他早已對後者的進步失去了信心。真相或許在此明示了；犬儒主義是一種失望的道德主義。每月 950 歐元換第歐根尼的木桶，那必須馬上撲上去。因為它是無價的！

查拉圖斯特拉 如是孵

* 特敏福：又名奧司他韋磷酸鹽膠囊，是一種抗甲型、乙型流感藥物。

尼采
Friedrich Nietzsche

德國哲學家（1844－1900），但更像個反哲學家（他常以詩歌和格言來對抗概念）、反德國人（他批評德國人身上有一種「形而上的沉悶」），「上帝之死」和「永恆輪迴」的預言者。其著作包括：《善惡的彼岸》、《快樂的科學》。

在《查拉圖斯特拉如是說》中，尼采更像是一位預言家而不是哲學家，他賦予了生命話語權，於是生命說：「看見了吧，我就是不斷地自我超越。」生命便是這種動態的、而非停滯不前的力量，它在我們有能肯定自我存在的情況下居住在我們體內。「權力意志」並非消滅弱者的意志（除非是納粹主義的解讀），而更像是個人意志的權力。即在「對生命的大肯定」下，肯定我們一切存在的權力，不論是其好的一面還是壞的一面。這其實就是「殺不死你的讓你變得更強大……」，因為所有侵犯生命的都會激發生命；因為生命在受到攻擊時能夠進行自我防衛。它可以通過威脅自我考驗。絕大部分的西方哲學家〔柏拉圖、笛卡兒、康德（Immanuel Kant）……〕都狂妄地定義過「人的本性」比動物優越。尼采沒有。在他的筆下，人偶爾還要次於有能力充分活在當下的動物。人往往被他描述成病態的動物、被低劣的本能所削弱的動物。尼采的「生命哲學」令他對動物的生命之謎十分敏感，而動物距離我們既是如此地遠又是如此地近。他當年完全有可能寫下荷爾德林（Friedrich Hölderlin）筆下的這句壯美的詩句：「思想最深刻者，熱愛生機盎然。」在動物與我們之間，尼采只看到了等級的差異，而非本質的差異。1888 年的某天早晨，他撲倒在被馬車夫鞭打的一匹馬的蹄下，當時他正處於一種精神錯亂的狀態，從此他再也沒能從中脫身。因此，您會理解我為什麼對前頁的漫畫不敢苟同。尼采絕不可能對這隻可憐的雞做出這樣的事。他或許會跪在牠的面前輕聲地問：「告訴我，小雞，你的秘密是什麼？」

浪……

個體實體需要一個自足的存在……

真厲害!

單子是上帝靈光一閃的發明……

厲害無比!

預定和諧……

……帥呆了!

……尼斯小子萊布尼茲

……我在等浪來!

萊布尼茲
Gottfried Leibniz

德國哲學家、數學家和外交家（1646－1716），「通才」、現代邏輯學始祖。他和牛頓同時發明了微積分，還發明了一台比帕斯卡（Blaise Pascal）的計算器更好用的計算器。28歲那年，他曾試圖說服路易十四放棄進攻德國。其著作包括：《單子論》、《神正論》。

萊布尼茲，的確是「厲害無比」。他認為在上帝的眼中，所有的觀點都能夠輕而易舉地和諧共存，且這種上帝的視角是我們所無法企及的。世界由「單子」構成——每一個不可再分的靈魂都代表着整個宇宙。您是一個單子、您的狗是一個單子。您抽的煙是一個單子、另一支煙是另一個單子，沒有兩個一模一樣的單子。在您身上、在您的狗身上、在每支煙身上都存在着以不同形式被概括的整個宇宙！更奇妙的是，單子們相對世界上的其他東西而言是封閉的，它們之間不會互相作用。我明白您的驚訝：那在您罵狗的時候呢？在您點煙的時候呢？您家那隻狂叫的狗，您手中燃燒的煙……不正是您引起的嗎？並不是哦。虛幻的「因果關係」，這一切都是在上帝的「預定和諧」裏被安排好的。還有浪。當萊布尼茲談起浪的時候，他終於為我們揭示了一些東西。一個男人朝海邊走去，在很長時間裏，他聽不到海浪的聲音。然後他又聽到了。發生了什麼？那些「無意識的微覺」不斷累積，直至跨越了意識閾。是的，您沒看錯，佛洛伊德（Sigmund Freud）已經存在於萊布尼茲體內了。萊布尼茲斷言無意識和意識兩者之間只存在等級上的差異。這種「連續性法則」，對他而言無處不在：在對與錯之間；在物質與靈魂之間；在靜止與運動之間。萊布尼茲在等浪來。海面非常平靜，但是在海裏，一些力量正在悄然無息地形成，一些微小的元素正在聚積。當海浪到來的時候，萊布尼茲便可以得出海浪存在的「充足理由」結論——當然，世界也是一樣。

以我「此在」向達達主義致敬

當然了，如果我們吹毛求疵的話，一定能找到一些不足之處……

但我覺得把它概括成一些意識形態錯誤好像有點過於簡單化了吧……

……那可是海德格的全部思想啊！

* JAH：猶太教和牙買加拉斯塔法里派的信徒對神的稱呼。
** PSG：巴黎聖日耳門足球會。

海德格
Martin Heidegger

德國哲學家（1889－1976），納粹分子（？），胡塞爾（Edmund Husserl）的學生。他將自己所有的作品建立於「此在」和「存在」之差異的基礎上，並對存在主義運動產生了深遠的影響。主要著作：《存在與時間》、《形而上學導論》。

這玩笑，不管怎麼說，開的確實有點兒過了……海德格是有可能於 1932 年投了納粹黨一票……但他可從來沒把自己當成過米奇老鼠！不能因為 1910 年，年僅 21 歲的海德格發表了第一篇文章，歌頌了一個為猶太人大屠殺辯白的奧古斯丁學說的傳道者，我們就可以隨心所欲地把他畫成一絲不掛、肩上毛髮還往下垂的樣子。把他和三 K 黨聯繫在一起的那幅也是，我覺得，有點兒過分了。不是因為 1934 年，長劍之夜[1] 剛過，海德格因參與了帝國教師學院的一個項目而成名，他就會和躲在驢耳帽[2] 下的粗魯傻瓜勾結在一起。對了，海德格還有其他的舉動呢。1960 年，他寫給種族衛生學研究所所長歐根・費歇爾（Eugen Fischer）——就是「二戰」期間給好好醫生門格勒（Josef Mengele）提供了靈感的那位「種族學家」——的那句優雅的祝福語便是一例：「衷心祝願您聖誕快樂，新年如意。」您看！這簡直就是對溫文爾雅一詞的完美詮釋，和巴黎聖日耳門的球迷相差十萬八千里。他於 1976 年逝世，生前沒有為死於納粹黨之手的幾百萬猶太人說過一句悼詞，死後卻成了精神領袖，被所有人吹捧，其中甚至包括曾經投身於抵抗運動[3] 的詩人勒內・夏爾（René Char）和哲學家尚・波弗勒（Jean Beaufret）。這一切委實有些令人費解。他的著作也是如此 —— 西方歷史在其著作中被重新定義為一場徹底的「存在之遺忘」，然而沒人弄得清這「存在」的所指。他用充斥着術語的、往往晦澀難懂的語言呼籲一種詩意表達方式的回歸。他斷言「科學不會思考」，並得出一個人不會說希臘語或德語就無法研究哲學的結論 —— 這就是為什麼我覺得把他和牙買加雷鬼（Reggae）舞聯繫在一起的那幅漫畫也不太合適。

---

1 又稱蜂鳥行動、羅姆政變，是希特勒的納粹政府清除異己、鞏固對軍隊的控制的一次政治清算行動。
2 驢耳帽：19 世紀至 20 世紀歐洲小學教師懲罰學生的工具之一，他們給班上調皮搗亂、考試成績不理想的學生戴的外形類似驢耳朵的帽子。
3 抵抗運動（法國）：第二次世界大戰期間法國人民反抗德國納粹侵略鬥爭的統稱。

* 原文為 King Kong，即電影《金剛》的英文名。

** 白儒亮是作者 Jul 的中文名。

孔子
Confucius

哲學家（公元前 551 年－前 479 年），「中國人文主義」的奠基人，對中國文明史產生了空前絕後的深遠影響，「儒家學說」的鼻祖。其政治、社會學說自漢代起被尊為「國教」並最終於 1911 年——或者說在這一年正式地——被廢除。

「古之欲明明德於天下者，先治其國；欲治其國者，先齊其家；欲齊其家者，先修其身；欲修其身者，先正其心。」[1]孔子如是說。也就是說在宇宙的和諧中萬事萬物——政治秩序和內心秩序、社會秩序和家庭秩序、B 套餐菜餚的秩序和世界本身的秩序——都是互相聯繫的。禮的效力便存乎其中，禮鉅細無遺，闡釋了在宇宙和諧中的生存之道。

這是一種十分非西方化的思想。西方的古人將公共領域和私人領域區分開來。對古希臘人而言，公共領域，例如進行民主決議的地方，是自由和施展人類才能之地；而私人領域，例如經濟領域、工作領域、家庭領域，則是依賴和約束之地。家庭和諧與政治和諧之間存在某種聯繫的想法是絕對不可能出現的。想要成為一名公民，古希臘人必須逃出家門——這與涵蓋了存在的各個領域的儒家宇宙和諧觀相差甚遠。對西方的現代人而言則恰恰相反：私人領域變成了實現自我價值之地，而公共領域則成了受約束之地。儘管現代人與古代人意見相左，但他們兩者都與中國文化截然不同。不過還是有一些例外的：柏拉圖和他的理想國、萊布尼茲和他的「預定和諧」，斯賓諾莎（Baruch Spinoza）和他的萬物有靈理論……柏拉圖、萊布尼茲、斯賓諾莎：西方人之中最像中國人的人？

---

1 出自《大學》，一般認為作者是孔子的弟子曾參。

夢迴
瑪麗蓮上帝

阿奎那
Saint Thomas Aquinas

哲學家和神學家（1224－1274），1323 年封聖，曾試圖證明基督教思想與亞里士多德（Aristotle）的現實主義哲學互不矛盾，即信仰與理性互不矛盾。

「證明上帝」主要有兩種方法。從上帝的概念出發推導出其存在，或者從世界之存在出發推導出上帝。聖安塞莫（Saint Anselm of Canterbury）和笛卡兒選擇了第一種，聖托馬斯·阿奎那選擇了第二種。在他的《神學大全》中，有下列五種論證：

「運動」論證。所有事物都一直處於運動狀態，所以必須要有一個「不動的第一動力」：上帝。

「因果」論證。自然界中的所有結果都有它們的原因，由於不可能永無止境地去一層層向上追溯原因，因此必須有一個「第一因」：上帝。

「偶然性」論證。宇宙中有一些必然事物本身不具備必然性根據：這個根據，就是上帝。

「程度」論證。事物中存在着一些完美之物（善，美，愛……）但其等級各不相同。只有一位完美存在能夠設計出諸多完美之物，因為他自己集所有的完美於一身：他就是上帝。

「目的論」論證。通過觀察我們可以發現自然界正如人類的身體那樣遵循一種秩序。所有的秩序必然都是被考慮過的、被制定的。

怎麼樣，你被說服了嗎？這其實正是聖托馬斯·阿奎那的問題所在。他的「論證」——他自己也承認——不像論證，倒更像「途徑」。他想要證明人通過自然理性同樣可以皈依上帝。哲學完全可以是「神學的女僕」，最重要的仍是信仰，它才是明澈的心靈所接收的真理。那又何必費力做些偽論證呢？難道一個人能在熱愛哲學的同時接受哲學只不過是神學「女僕」的說法嗎？這一頁漫畫表達得很清楚：聖托馬斯雖然身披理性的外衣，但內心卻只愛信仰之強風。他用心眼而不是理性之眼看見了上帝。

愛菲斯
沙灘

赫拉克利特
Heraclitus

「前蘇格拉底」時期的古希臘哲學家（約公元前 540 年－約前 480 年），有時也被稱為愛菲斯的赫拉克利特（用他的故鄉命名）或晦澀的赫拉克利特（因為他好作悖論且不愛用標點）。提出了發展原則（被黑格爾所銘記）及永恆輪迴（被尼采所銘記）──人們常說赫拉克利特的「流變論」。

這種懸念讓人難以承受：他會不會跳？這一組漫畫真的很討厭，恰好停在了晦澀的赫拉克利特用行動詮釋他的那句天才之語之前：「人不能踏入同一條河流兩次。」為什麼不能呢？一家人難道不是在度假的時候經常回到同一片沙灘上嗎？赫拉克利特的著作沒能留存──那個先於蘇格拉底和柏拉圖的遙遠時代，只為我們留下了一些零落的片段。但其實只要能理解他的靈光一現就夠了：「人不能踏入同一條河流兩次。」事實上，河水在持續的運動狀態下不斷前進，到第二次時，它已經不再是「同一條」河了。那時的它已經發生了變化。而且，那時的我也已經發生了變化。「萬物流變，無物常駐。」赫拉克利特以此句批判永恆、本質、身份等既定概念。生命只不過是持續的生成，周而復始的變化。赫拉克利特反對另一位前蘇格拉底時期的古希臘哲學家巴門尼德（Parmenides），後者認為真理是唯一且不變的。您明白了吧：赫拉克利特最後還是會跳的，而且會是愉快地跳下去，因為他很樂於用他的激進思想濺所有人一身水。25 個世紀過去了，這些濺出去的水花仍然在撩撥着所有那些願意相信永久、永恆真理和個人同一性的人們。

* 　原文為 Tocquecity；托克維爾的原名 Tocqueville 中的 "ville" 在法語意為城市。

托克維爾
Alexis de Tocqueville

　　法國政治思想家（1805－1859），出生於諾曼第地區的一個貴族家庭（他是馬勒澤布[1]的曾外孫、夏多布里昂[2]大哥的外甥），因其對法國大革命和美國民主的分析而享有盛譽。

　　我們在前面已經講過柏拉圖了，他也是個新生民主體制下的時代貴族，而他在談到民主制問題時也是絕不手軟的。他發現民主制度中存在着「無知的政權」和憤恨的政體——那些長期被排除在權力之外的人，一旦掌權，怎麼可能不濫用權力來對付他們以前的領導呢？托克維爾在遊歷美國期間注意到，在這個與眾不同的新生民主制中遍佈着一種負面的狂熱：「平均主義」。那些享有「相同」選舉權的人們，怎麼可能真的接受不能享有相同的住房、相同的花園精靈玩偶的事實呢？他用華麗的辭藻，揭示了「對平等的狂熱」和「對自由的熱愛」兩者的不相容性，以及政治平等和社會平等被混淆的事實。人類想要的不僅僅是平等（政治上），他們想要實現等同（社會上、經濟上）。這段民主時期雖然是歷史的進步，但它同時也是因循守舊的時期和貴族價值體系（勇氣、榮譽……）衰落的時期。托克維爾的過人之處就在於他看到了人類的進步可能伴隨着個體的退步——從此，所有的「民主個體」，不論他們是多麼平庸，多麼盲從，多麼愛酗酒，都能打着「我**完全有權**……」、「現在可是民主時代！」的旗號自行其是。只要擁有了「表達」的權利，他們一定會以「**這是我的選擇**」或者其他的什麼告終。貴族人士托克維爾是如何能夠做到如此清醒、如此先知先覺的呢？他一定是在自己內心的最深處——而不是僅憑觀察自己的周圍——感受到此民主個體日益強大所帶來的危害。

1　馬勒澤布（Malesherbes，1721－1794），植物學家、大法官，法國有名的歷史人物，托克維爾說他「在國王面前為人民辯護，又在人民面前為國王辯護」，終於在 1794 年法國大革命期間被送上斷頭台。
2　夏多布里昂（François-René de Chateaubriand，1768－1848），法國著名作家、政治家、外交家，法蘭西學院院士。

瘋狂保姆

我的天！

我怎麼覺得今天還是不太順利……

您懂的，偶爾嚴厲一下沒關係……

少許的規訓與懲罰是沒有壞處的……

因為這、這簡直就是胡鬧！

總的來說，您有點不成體統……

我相信您是非常喜愛小孩子的，傅柯先生……

……但我實在不能確定您具備「保姆」這份工作所必需的素質……

傅柯
Michel Foucault

法國哲學家（1926－1984），法蘭西公學院教授，活躍的社會和政治活動家，試圖以自我轉化等古典代哲學的美妙觀點為基礎建立一種新型道德體系。

米歇爾‧傅柯感興趣的對象有瘋子、囚犯、第歐根尼、馬奈（Édouard Manet）、古希臘人的自我關懷，以及性史。尼采曾宣稱「上帝已死」，米歇爾‧傅柯則通過宣稱「人之死」而一舉成名。他從誕生於 19 世紀的人文科學（社會學、歷史學、經濟學……）之大發展及其在歷史長河中所揭示的各種超人類的「結構」出發，對作為自身慾望和選擇主體的自由人的傳統形象提出了質疑。應該說是雙重質疑：這裏的「人」是人類歷史上近期才有的發明，且他已瀕臨終結。事實上，我們很快就可以明白我們是在何種程度上成為這些社會或歷史「結構」之產物的了。簡而言之，就是多交朋友的秘方。真理，對米歇爾‧傅柯而言，只不過是隨着時代的變化而變化的權力關係。比如：瘋子。昨天還被當作神的信使，今天就變成純粹在精神上有疾病的人，他的身上沒有「真理」。人們看待他的方式隨着思想體系和權力體系的變化而變化。知識依靠的是權力邏輯。因此，好像是巧合一樣，就在那個興建大型醫院的時期，監禁瘋子的必要性也實現了理論化。我們可以輕而易舉地猜出米歇爾‧傅柯最終欣然投身保姆職業的原因，能夠在孩子身上觀察「人之死」對他來說該是多麼的幸福啊！能夠探討孩童跟瘋子一樣的行為方式是如何隨着時代的變化而變化，對他來說該是多麼的快樂啊！何況他還能在頭上插着短箭、腳上纏着跳繩的情況下原地證實他的那套「真理／權力」的理論呢。

巴枯寧
Mikhail Bakunin

俄國無政府主義者（1814－1876），曾和馬克思（Karl Marx）一樣，為左翼的「青年黑格爾派」的成員之一，後成為職業革命家，提出了自由意志社會主義學說以反對馬克思。

「巴枯寧，你想什麼呢？」很簡單……巴枯寧除了革命以外從來沒想過別的；除了將人類從桎梏中解放出來以外從來沒想過別的；除了想同時炸掉上帝、國家和資本以外從來沒想過別的。作為一位極端自由主義者，一位無政府主義者，他在社會主義組織「第一國際」（First International）中站在馬克思的對立面。可以說，他至少「炸」掉了第一國際！馬克思提出，在等待資本主義帶着繼承權一起消失的同時，應當對遺產課以重稅；巴枯寧則堅持必須立即徹底廢除遺產。不過說巴枯寧只「想着」革命還是稍欠準確。他只顧着鬧革命。他跑遍了歐洲，從這個街壘到那個街壘，只為能將革命之火引到所有的地方。他是一位專家，一位行動家。在 1849 年反對薩克森國王的德勒斯登起義中，他扮演了核心角色。他先是被判處死刑，後被引渡至俄國，又被改判為終身勞動改造，被關押在彼得大帝於聖彼得堡建造、著名的彼得保羅要塞裏，然後又被流放到西伯利亞 —— 也就是他逃跑的地方。好了，您也看出他的風格了：絕對不是那種會把已經起筆的書寫完的風格，革命運動從未給他留有著書的時間；絕對不是那種偶爾會和女朋友（還真有過，她叫安托尼婭）共度幾個安寧週末的風格。更像是那種一進火車站就和幾個可疑的傢伙一起消失的風格。有一天，安托尼婭告訴他，她懷孕了，但孩子不是他的。他安然接受。他不怪她 —— 拉波勒海灘的週末從未存在過，而且以後也不可能存在 —— 革命永遠是他唯一的真愛。

為盧梭
正名

我說，
尚一雅克……

第一，你那套「自然人」
的理論就是個屁……

第二：你又忘了去幼兒園
接小孩了！

盧梭
Jean-Jacques Rousseau

　　瑞士作家、哲學家（1712－1778），憑藉其核心著作《社會契約論》（1762 年）成為康德以及法國大革命的靈感來源，又以《愛彌兒》為某種近代教學法提供了啟發。其文學作品（《懺悔錄》、《一個孤獨漫步者的遐想》……）令這位憤世嫉俗者成為近代自傳體文學的奠基者之一。

　　「人們只知道進步帶來了什麼，卻不知道它讓人失去了什麼。」在啟蒙運動如火如荼地開展之時，在人們狂熱地追求進步之時，盧梭像投炸藥一樣拋出了這麼一句話。他是第一位 —— 第一位反動派？ —— 提議我們懷疑「進步」的人。因為據他觀察，伴隨科學和藝術的進步而來的可能是道德的墮落。他認為，「自然人」本是好人，具有「本能的同情心」，然而社會卻腐蝕了他，讓他變得嫉妒、多疑，並將他置於一個屬於**表像**的世界。盧梭天才地把戲劇置於宴會的對立面。戲劇是現代社會的象徵。在戲劇中人們是被分開的：一邊是演員，另一邊是觀眾。那是不平等和表演的天下。戲劇，即宴會的終結。不要告訴我您不同意。在宴會中，恰恰相反，既沒有演員也沒有觀眾，或者說每個人都輪流扮演這兩種角色——在宴會中，我們是真真正正在一起的，我們同時平等地存在於這個世界上。那麼如何才能重建失去的平等呢？盧梭除了提出在樹林裏裸跑以外還給出了其他的建議。什麼建議？做一位真正意義上的公民：在為法律投票的同時盡力要求自己、克制個人慾望，將公眾利益擺在個人利益之上。如此一來法律便可成為「公共意志的表達」。人類的「第二天性」或許能夠重建失去的平等。共同的生活或許可以重新變成一場宴會。理想主義者嗎？是的，盧梭對這一點了解得恰如其分，我們可以從他跳完脫衣舞的那副表情裏清楚地看出來。這位理想主義者捱了幾個巴掌後又變回現實主義者。「看來只有神才能為人起草法律了」，他在《社會契約論》中痛苦地做出以上結語。事實上，只有神才能夠看到 —— 並願意實現 —— 公眾利益。

生火

它比我還要強大……

我總想把所有東西都燒焦：車、房、未婚妻……

您說這是不是因為我想殺了我爸再跟我媽上床呢？

您的話不多啊……

今天的療程到此結束。

一共 75 歐元，謝謝……

75 歐元？！

才半個小時？！

騙子！

混蛋拉岡派！

砰！

喂？

我是加斯東·巴舍拉……

我在想是不是要放棄「火的精神分析」項目……

巴舍拉
Gaston Bachelard

法國哲學家（1884－1962），致力於研究科學（思維）和夢想（沉思）這兩種互相對立的人類精神表達方式。

幸好，加斯東·巴舍拉恢復了鎮定：他不但沒有放棄《火的精神分析》，而且還闡述了火，及其性隱喻，在人類的詩歌、想像和幻想中所扮演的角色。此外他對其他物質元素如土地、水、空氣等也做了同樣的工作。只需聽聽其文章的標題 ——《水與夢》、《土地與意志的遐想》等 —— 便可大致感受到相關的想像之豐富。巴舍拉徹底顛覆了關於想像的思考：「人們總以為想像力是**構建**圖像的能力，但它其實是**分解**被感知的圖像的能力。」不過除了這個巴舍拉以外還有另外一個巴舍拉。除了醉心於榮格（Carl Jung）精神分析法和超現實主義圖像的詩人身份以外，他還是一位科學思想家 —— 一位堅持認為秉持科學精神就必須摒棄想像力的認識論學者！他認為，如果我們想要對世界做出解釋，那麼就必須學會拒絕那些率先湧入我們腦海中的圖像，那些我們憑藉直覺所看到的圖像通常是錯誤的。因此，「科學精神的形成」要求我們……採用另外一種精神分析法：「針對我們最初錯誤的精神分析」。真理本身的地位因此發生了變化 —— 由於我們起初總是犯錯，於是真理便成了「被糾正的錯誤」。而錯誤 —— 在我們知道該如何改正，知道該如何「分解最初直覺的不純情結」的情況下 —— 對進步大有裨益。一個被糾正的錯誤總比一個錯誤也沒有要好得多……巴舍拉或許話不多，但他只要開口，就必是為了揭示此類美妙的人文主義真理。

黑格爾
Georg Hegel

德國新教哲學家（1770－1831），與拿破崙同時代，即 —— 據他所言！ ——「歷史終結」和「藝術死亡」的時代。其主要著作包括《精神現象學》、《邏輯學》和《法哲學原理》。

　　哲學史因為數不多的偉大對決而有了節奏感：柏拉圖與亞里士多德之爭（理想主義對陣現實主義）、笛卡兒與斯賓諾莎之爭（自由意志對陣決定論）、康德與黑格爾之爭（道德動機對陣行動哲學）……這些碰撞均十分激烈。而且，往往後來者 —— 此處指亞里士多德、斯賓諾莎和黑格爾 —— 看似更勝一籌。不過這樣說有失公允，因為另一方已經離開人世無法對他們作出回應了。

　　黑格爾的「後康德哲學」首先是一種反康德哲學。康德認為人類的偉大之處在於其道德意志。黑格爾對此提出強烈質疑，他認為人是通過行動 —— 而非意志 —— 來實現個人價值的。他指責康德對人與他者之間關係的思考過於抽象，並提出了一種客觀哲學，一種與他人和世界之間具體聯繫的哲學來反對康德的主觀唯心主義。這場對決真的是涉及方方面面。舉個例了，康德認為上帝是一個「純理性的概念」：一個存在於人類腦中的理念，它能夠對人類的生活起到最積極的調整作用；黑格爾則將上帝看作「歷史理性」：因為歷史**本身**確實令人類的進步成為現實。上帝對康德而言是一種簡單的可能性，黑格爾則將之變成了必須性。歷史的進程因此在黑格爾的眼中，是與上帝的進步成正比的，而這進步現在……「上帝的自身意識中」！這一下可激怒了不少人。許多對黑格爾心懷怨恨的人經常從背後攻擊他，而且總是極端猛烈地、以紀念伊曼努爾·康德之名對他發動攻擊。

* 編者注：莫薩德（Mossad）：以色列情報及特別行動局。

懷疑論者
Skeptics

懷疑主義（源自希臘語 skeptikos，意為仔細考察的人）是由皮浪（Pyrrho，公元前360－前275 年）創立的學說，塞克斯圖斯·恩丕里柯（Sextus Empiricus，約 160 年－約 210 年）將其定義為一種「懸擱判斷」的方法——鑒於我總能用相反但同樣具有說服力的理由來反對一切理由，因此最明智的做法是存疑，並淡定地懷疑一切。

對塞克斯圖斯·恩丕里柯和厄利斯人皮浪等古希臘懷疑論者而言，最差勁的謊言就是……確定無疑。他們正是把這種態度當作攻擊的靶子。如果說哲學的自我定義是懷疑、批判意識以及拒絕安慰人心的真理的話，那麼懷疑論者正是天生的哲學家。這也正是他們會把我們逼瘋的原因：我們熱愛確定無疑帶來的那種舒適感，熱愛圍坐在篝火邊暢談真理的那份溫暖。事實上，我們熱愛那些「哲學體系」，那些宏大的哲學架構——柏拉圖的唯心主義、黑格爾的歷史哲學等——它們如此巧妙地為我們的生命辯護並賦予其意義。然而懷疑論者們所打擊的恰恰是這些體系。後來，笛卡兒成了「普遍懷疑論」的信使。再後來，尼采企圖「用錘子」去探討哲學。最後到了 20 世紀，哲學家們的口中只剩下了「解構」一詞。所有人都變成了古代懷疑論者之子。不過懷疑主義又分為兩種：激進的懷疑主義，如厄利斯人皮浪的懷疑主義；以及溫和的懷疑主義，如笛卡兒的懷疑主義。對皮浪而言，懷疑的目的就是……就是懷疑！對笛卡兒而言則恰恰相反，懷疑的目的是停止懷疑。懷疑或許能通往某種真理。不過，當然了，最重要的其實是這個「或許」——在路途中迷失的美好風險。而且，即便迷失了，也不至於那麼難過。

德希達
Jacques Derrida

法國哲學家（1930－2004），「解構主義」的發明者，主要著有《書寫與差異》和《論好客》。

　　您認識很多因「製毒販毒」而蹲過監獄的哲學家嗎？這個罪名是莫須有的，但它卻是捷克政府當時所能找到能讓這位積極參與政治活動的思想家閉嘴的唯一方法……他的「解構」主義思想過去常常被誤解、扭曲。其實他並不是要將過去那些名人的思想體系撕成碎麵包屑。確切來說，「解構」一部作品、一種思想，其實是在揭示其中的隱含前提、意識形態前提、形而上學前提……證明這些作品在表達一些東西的同時還隱含了一些別的東西，揭示這些作品腹中的秘密。德希達認為，通常西方作品腹中所隱藏的，是巨型的**菲勒斯**（*phallus*）和過激的**邏各斯**（*logos*）。德希達揭露了西方「菲勒—邏各斯中心主義」的霸權地位，他認為對世界的解讀都打上了男權主義和邏各斯主義的烙印，該思想——自柏拉圖和他的談話錄以來——在演說和話語中得到了充分的發展，而紙上的文字彷彿僅僅是一種凝固的語言，不僅是次要的而且是死的。德希達提出要回歸哲學文本，並把它們當作是內在意義有待發掘的生命體。他還提醒人們關注與哲學家本人的思想密不可分的哲學寫作文體。德希達的待客之道如此恐怖，這真是出人意料。要知道，他關於「好客」這一主題可是頗有見解的。然而事實上，這一切都不難理解：這個穿着風衣的傢伙，這個滔滔不絕的人，這個好似有多言癖的男人，還有他那位可憐的老婆，那個完全被忽略、躲在一旁沉默不語的女人……這個壓根連寫句話回覆別人的邀請都不願意的粗魯的胖子…… 這對夫婦……不正是西方「菲勒—邏各斯中心主義」的化身嗎！

保持信仰
閉緊嘴

這個聖女大德蘭啊，
她最讓人火大的……

……就是那套「表演工作坊」的玩意！

大德蘭
Saint Teresa of Ávila

天主教聖人（1515－1582），1614 年被保羅五世封為真福，1622 年被額我略十五世（Pope Gregory XV）列為聖人，第一位天主教教會女性聖師（1970 年獲封）。這位加爾默羅會改革家的神秘主義不僅影響了聖方濟各‧沙雷氏（François de Sales）和費訥隆（François Fénelon），還影響了羅亞爾港的詹森派教徒和魏爾倫（Paul Verlaine）。

如果說，做人其實就是一直扮演人的角色呢？「人類」的「人」是什麼？從詞源上看，法語中的 personne（人）源自 *persona*：戲劇的面具。我是我在世界舞台上所扮演的角色。我們每個人都有做「表演工作坊（Actors Studio）」的一面，而正是這一面使我們得以與動物區分開來。我們不是某種固定的、確定的東西，不是天生就具備某種本質或隱性真理的純粹的「某人」。我們，據沙特說，是他人眼中看到的我們。所以我們怎麼可能不是演員呢？20 世紀末的哲學家大衛‧鮑伊（David Bowie）曾說，他先是扮演了一位雌雄難辨的紈絝子弟，然後才**變成**了一位雌雄難辨的紈絝子弟。聖女大德蘭也並非這條人類世界真理的例外：表演聽見上帝的聲音，就是真的聽見上帝的聲音。我們始於假裝神秘主義者，最後就會雙膝跪地眼冒金星。表象絕不是膚淺的，黑格爾甚至認為精神正是通過表象而實現自我感知的。黑格爾的上帝需要出現在歷史的舞台上然後才能知道自己是誰。歌德（Johann Wolfgang von Goethe）曾經說過一句類似這樣的話：「不顯現就等於不存在。」因此出現並不是次要的──它是邁向自我之路的第一步。總之，黑格爾、歌德、沙特和梅洛─龐蒂（Maurice Merleau-Ponty），還有大衛‧鮑伊和歷史上所有的紈絝子弟，都是這麼想的。在對立的陣營中，我們可以找到笛卡兒學派（如果「我思，故我在」的話，我便不需要他人的眼光來做我自己了）和佛洛伊德學派（人是某個地方的某個人，是由他的家族史和他所處的地位決定的）。現在輪到您來選擇自己的陣營，並判斷聖女大德蘭到底是不是在表演了。

伏爾泰
Voltaire

　　法國作家（1694－1778），在他的時代最為著名的人物，介入政治的思想家先驅（他提倡寬容、政教分離……）。憑藉其著作權和外國君主的偏愛，他或許也是那個時代最富有的人之一。儘管如此，他還是遭遇了巴士底獄之災和流亡生活。他回到巴黎的那一天，1778 年 3 月 30 日，有時也被看作開啟革命時代的一天。

　　這些小小的「上帝之蟲」[1]大可放心，那句眾所周知的名言正是出自伏爾泰之口：「我不同意您說的話，但我誓死捍衛您說話的權利。」可想而知，在他的花園裏生活應該還是很幸福的。雖然他激烈地與各式各樣的狂熱現象以及「上帝之蟲」作鬥爭，但他依然是一位自然神論者：「宇宙令我茫然，我無法想像／沒有鐘匠，宇宙之鐘何以存在。」不過自然神論並非盲目的樂觀主義。在《憨第德》一書中，伏爾泰對萊布尼茲的「眾多可能的世界中最美好的一個」理論做出了尖銳的諷刺，而該諷刺也成為「伏爾泰作品」的商標，並成為很長一段時間內法國思想的代表。萊布尼茲認為，人類的眼睛在世間所見到的醜惡之所以是醜惡，是因為他們不具備縱覽一切的視角，即上帝的視角；如果他們具備這種視角，那麼他們將會看到我們正生活在「眾多可能的世界中最美好的一個」裏。伏爾泰讓他筆下的老實人在戰爭和屠殺中穿行，直至再也聽不進那句「眾多可能的世界中最美好的一個」為止。我們可以想像，如果他能在憨第德的旅途中再加上奧斯維辛、廣島或盧旺達，他該會是多麼地欣慰。聽起來有點高深莫測的「耕種好自己的園地」是憨第德說的最後幾個字。在另外一種語境下，也可以理解成讓我們使上帝賜予的大自然開花結果的意思。但此處似乎另有深意，我們可以從中看出洛克（John Locke）、盎格魯—撒克遜人的經驗主義以及在英國生活的那些年對伏爾泰的影響。耕種自己的園地：學會不再在形而上空論上面浪費時間，把握具體事物的價值。

1　上帝之蟲（bête á bon Dieu）是法語中瓢蟲的代稱。傳說中世紀時，一個死刑犯的脖子上飛來一隻七星瓢蟲，趕走了又飛回來，國王認為這是上帝的旨意，於是赦免了他。後來查明，他真是無辜的，真兇另有其人。於是瓢蟲被當成吉祥之物，不能隨意碾殺。另一種說法是瓢蟲屬於益蟲，能為花園和農田消除弊害。伏爾泰口中的「上帝之蟲」當然另有所指。

扭計骰
哲學論

維根斯坦
Ludwig Wittgenstein

奧地利裔英國哲學家（1889－1951），出生於一個猶太富豪家庭，從小身邊就圍繞着父母的許多朋友：拉威爾（Joseph-Maurice Ravel）、布拉姆斯（Johannes Brahms）、克林姆（Gustav Klimt）……。在成為邏輯學家伯特蘭·羅素（Bertrand Russell）的學生之前，他曾與阿道夫·希特勒（Adolf Hitler）同校同班。他在《邏輯哲學論》一書中證明了哲學既無目標又無特定方法。

維根斯坦對待扭計骰（Rubik's Cube）的方式充分體現了其方法論的激進：證明問題不成立，或者提出的方式有誤（往往是由語言模糊造成的）。問題的解決與其說存在於理論命題中，毋寧說是在「存在性的」實際操作中。哲學變成了對於一種讓偽難題全部消失的生活方式的追求。這也正是這組漫畫鏡頭為我們所呈現的：扭計骰難題是一個典型的偽難題，它不存在因為它是由某人編造出來的。這若是換作其他人，他們根本不會去想這個難題是如何被提出的，只會着急地想要解決難題；而維根斯坦則提出了一個能讓難題徹底消失的實踐辦法：把扭計骰吃掉。這是其哲學理念的完美隱喻——不是體系的建構而是經典問題的解構。讓我們從這些問題裏隨便選一個：「什麼是人？」首先，這個問題只有在有人，比如說「火星人」——維根斯坦經常提及的——向我們提出的時候才會成為問題。其次，問題的答案取決於我們對「是人」這個事實的**確信無疑**。然而「是」和「人」這兩個字眼卻偏離、背叛了這種確信無疑。最好的回答其實是沉默（參見最後一幅圖中的維根斯坦）。「凡不能談論的，就應保持沉默。」神秘主義者維根斯坦如是說。他後來辭去了令人欽羨的劍橋大學教授職位，只為獨自定居於海邊的簡陋小屋。在那裏，對哲學和語言的限度認知透徹的他，一邊幻想着自己是作曲家，一邊擔心自己有一天會精神錯亂。

* 艾莉兒‧唐貝索（Arielle Dombasle），出生於美國的法國女歌手、演員、模特兒，在《上海異人娼館》（Les Fruits De La Passion）等影片中扮演過比較香豔的角色。

薩德（侯爵）
Marquis de Sade

　　法國作家和哲學家（1740－1814），其成年時光的四分之三是在監獄中度過的，罪名是行為激進、作品褻瀆神明。他的《瑞斯丁娜，或喻美德的不幸》（又譯《淑女的眼淚》）、《閨房哲學》、《一個牧師和一個臨死的人的對話》等作品在大量以細膩筆觸描寫的色情場景中，夾雜着十分具有影響力的唯物主義理論。

　　薩德侯爵當然是一位貨真價實的哲學家，而且還是一位善用如刀鋒般銳利的論據的唯物主義哲學家。在《閨房哲學》一書中，他別開生面地從物質角度出發重建了無神論。其論據具有駭人聽聞的威力：真正的謎團是物質的存在，既然如此，那又何必在既有的謎題之上再平添一個無用的謎題——上帝呢？聖安塞莫曾試圖從我們每個人腦中都有的那個念頭（即「人們能夠想像到的最偉大的存在」）出發，來證明上帝的存在。天才的薩德，愛挑釁的薩德，在巴士底監獄的最深處將這種看法全盤照收——這個存在確實存在，只不過它的名字叫物質。比這更令人驚訝的是，薩德無休無止地侮辱上帝，而且他辱罵神明時所使用的語言激烈無比。如果上帝壓根不存在的話，那麼為何還要去侮辱他呢？何必對一個虛幻之物生這麼大的氣呢？我們在閱讀薩德的作品時可以感受到褻瀆神明具備一種刺激性的作用。但是，正因如此，辱罵某個真實存在的人，甚至是某個真實存在的、重要的、有權勢的人，豈不是更刺激嗎？這是薩德思想的悖論之一：難道說褻瀆神明和無神論能同時成立嗎？難道說前者揭露了薩德內心存在着一種悖論的信仰？——或者說是對信仰的渴望，因上帝的缺失而受阻的渴望？難道說那些褻瀆神明的過激之言只是薩德責怪上帝缺失、不存在的一種方式？

霍布斯
Thomas Hobbes

英國哲學家（1588－1679），曾旅居法國，笛卡兒的筆戰對手，著有最重要的政治哲學作品之一：《利維坦》（*Leviathan*）。其觀點雖然後來遭到盧梭的反駁，但其實深深地影響了盧梭。

　　我們的整個一生——我們所有的平靜社交生活——就是這麼一場規模宏大的「利維坦之夜」！當然，它是否成功還要由您來親自定奪。在《利維坦》一書中，霍布斯設想了一個人類或許為「組建社會」所需簽訂的基礎社會契約。由於再也無法忍受源於自然狀態的暴力，再也無法忍受為了生存不得不每時每刻進行抗爭的事實，人們決定將自己的權利交付給他們中間的一個以某種方式選出的主權者，即「利維坦」，由這個主權者來保障所有人的安全。每個人都要用與生俱來的自由權換取社會安全——大概也就是說，拿大砍刀換醫保卡。這部基礎社會契約是一部「公共安全信約」，它表明人類為了獲得安全情願犧牲自由。我們可以說霍布斯是一位現實主義者，因為在理想主義者看來，人類本該為了獲得自由而犧牲安全。不過在承諾了安全的同時，霍布斯的契約還承諾了一些其他的東西。訂立好契約以後，我們再也不用每時每刻為逃避「暴力死亡」而進行抗爭了，而是能夠，霍布斯如是寫道，享受「生命的每一絲甜蜜」：文化、貿易、愛情、聚會……但是我們真的生活在這樣一個世界裏嗎？我們放棄了天生的自由權，沒問題。但我們真的是在享受「生命的每一絲甜蜜」嗎？說得再簡單點，我們真的安全了嗎？對一些人而言，聚會舉辦地如火如荼：那麼恭喜您了，霍布斯先生，還有您的利維坦之夜……但對另外一些人來說，對於那些出生在糟糕的街區、河的另一岸以及郊區地帶的人而言，生活更像是宿醉後遺症。那麼，這些人是否應該要回他們的自由權呢？

我的城市要完蛋

我們剛剛關進來一個重犯。

滿臉大鬍子的混球！

馬格里布*人嗎？

「出生於阿爾及利亞……」

又是個郊區的小混混！

我們趕緊把他遣返吧！

等等！對了，這人是個老頭呢！

他住哪兒啊？

好像是什麼帝什麼城之類的……

哦哦，93省那一帶，是吧？

我記得是在芒特拉若利那邊。

滴滴滴，滴滴滴

是局長打來的……

?

喂？

警察局

再次請您原諒，聖奧古斯丁先生！

Jul-

---

* 西北非摩洛哥、阿爾及利亞、突尼斯三國的總稱。

奧古斯丁
Saint Augustine of Hippo

基督教哲學家、神學家（354－430）。教會四教父之一，是繼聖保羅之後，西方基督教發展進程中最關鍵的人物。著有《上帝之城》、《論三位一體》和《懺悔錄》，他善論靈魂永恆，亦善論時間之謎。

可憐的警察……其實他們把聖奧古斯丁關起來並非直覺判斷出錯。是局長瞎了眼，或者至少可以說沒什麼文化。因為聖奧古斯丁本人，在他的《懺悔錄》一書中，對他曾經放蕩不羈的生活，甚至是違法犯罪的過去進行了回顧：「在我家葡萄園的附近有一株果實纍纍的梨樹，樹上結的果子形色香味並不可人。我們一群小壞蛋，習慣了四處玩鬧，直至深夜。一天趁着夜深人靜，我們把這棵樹上的果子全都搖了下來，滿載而歸。不是為了大快朵頤，雖然偶爾我們也會嚐一口，但這些果子基本上全都餵了豬——我們純粹是為了獲得逾越禁忌的快感。」怎麼樣，局長先生，您對這種「純粹的逾越禁忌的快感」有何高見？顯然，聖奧古斯丁試圖證明他變了，他用最熱忱的方式為我們講述了他皈依的過程，講述了一個青年無賴是如何變成一個信徒。不過我們也不是非要相信他不可。如果無論別人說什麼警察都輕易相信的話，那法國成什麼了？只要讀一讀《懺悔錄》的開頭您就能明白我們在談論的這位是一個什麼樣的人了：「我來到迦太基，我看到周圍沸騰着、振響着罪惡之愛的鼎鑊。我那病態的、被瘡口侵蝕了的靈魂，可憐兮兮地、不顧一切地渴望着肉體上的親密接觸。」沒錯，局長先生，「渴望肉體上的親密接觸」……就是那種偷了梨還不罷休的人……您可一定要給您的兩個手下——那位小鬍子還有他旁邊那位——頒發獎章啊！更何況聖奧古斯丁，那個猛烈攻擊猶太人並斷定是他們謀殺了耶穌，還把他們定義為弒神民族的人，可是反猶主義最重要的歷史來源之一啊！法國還有法律呢，難道不是嗎？

定期造業

塵世的生活不過是幻覺……

是一系列無休止的、循環往復的苦難……

必須從自身肉身的束縛中掙脫出來……

以期在終極的轉世中修得大覺悟。

在新生中，苦難將不復存在……

我說，佛陀！

你現在可是在一家保險公司！

據我所知，給你錢是讓你來做財務分析……

……不是讓你在上班時間上什麼「來生網」的！

佛陀
Buddha

印度智者（公元前 7 世紀中期－約公元前 470 年），佛教創始人，曾名釋迦牟尼（「釋迦族的智者」）或悉達多，後成為佛陀（「覺悟者」）：為對抗疾苦和涅槃重生提出了一條新路徑的人。

您知道那是一種什麼樣的感覺：自憐、自怨自艾⋯⋯您想要馬上消失，再也不願做這個讓您愈來愈痛苦的「我」了。如果我，一個個體，正在經受苦難，想不再受苦，是不是只要不再做個體就可以了呢？個體是一顆不可分離、**不可分割**的內核：基督教所許諾的是個體之永生，而佛教為求實現永恆所提倡擺脫的也正是個體。重得大自在，四大皆空，順應諸行之「無常」，這便是佛陀所承諾的通過轉世和重生達成的覺悟 —— 不過不是「自我」的重生，反而是以「無我」為目標的重生，以消除一切自我為目標的重生。每每我們想讓自己從這個世界上消失，從而不必再承受失敗所帶來的痛苦時，我們每個人都或多或少有點出世傾向。當柏拉圖大膽地讓蘇格拉底在其筆下說出「探究哲理就是學習死亡」的時候，他也是有點佛家傾向的。柏拉圖信佛，這讓您感到很驚訝嗎？可是一個人讓身體「學習死亡」，只做一個專注於不朽思想的純粹靈魂，這難道不是有點兒涅槃的意思嗎？啊對了，柏拉圖和佛陀差不多是同一時代的人物⋯⋯當然，柏拉圖的不朽思想之光輝是閃耀在一個穩定且必不可少的天國之上 —— 我們遠離「無常」的萬物。不過您也知道，在這兩位的學說中，「此時此刻」無關緊要，身體是我們必須學會掙脫的牢籠。很多年後，佛洛伊德會用「死亡本能」的概念來命名我們生命中這個不想繼續存活、想要消滅自我的一面。或許，柏拉圖的「學習死亡」和佛教對涅槃的追求只不過是同一種「死亡本能」的兩種表達方式？或許，真正的分界線並非存在於東方和西方之間，而是存在於死的智慧和生的哲學之間？

列維納斯
Emmanuel Levinas

　　法國哲學家（1906－1995），以一種強勁有力的思想革新了我與他者之間關係的問題：「我沒有說他者是神，我是說在他者的面孔裏我聽到了上帝的話語。」著有《整體與無限》和《困難的自由》等作品。

　　什麼，我的臉？我的臉怎麼了？列維納斯對這個問題的回答在哲學史上絕對是獨一無二的。我的臉——他會說「我的面孔」——能夠約束他者，讓他者對我**負責**。因此，與他者之間的道德關係，即列維納斯稱為倫理的東西，並非如康德所說的理性問題：它是敏感的、有形的、肉體的。我站在他者面前，和我的臉一起，和我的整個身體一起，呈現出一種顯而易見的脆弱感。也就是說在某種程度上，我需要被保護。也正是這種真實的面貌讓他者必須以人類的行為方式與我相處：不能殺死我，要尊重我。而且這種道德關係是從講禮貌開始的。列維納斯寫下了許多華麗的篇章以分析「您先請」這句禮貌用語，他認為這句話是對文明的概括。作為人類的「我」，應該想着讓別人先於我而行。我們很願意相信這一點……然而這種哲學觀卻與歷史，尤其是 20 世紀的歷史，形成了強烈的對比——它與人類的暴力和野蠻形成了強烈的對比。況且列維納斯的大部分親人都是在死亡集中營裏喪生的。因此，他的哲學思想可以有兩種解讀方式：要麼他是用理想，用我與他者之間**應當**存在的關係來進行自我安慰，即使他內心深知這種關係永遠都不可能成真；要麼他是的確有雄心壯志，想要在這個比任何時候都更需要倫理的時代重建倫理體系。

致命
吸引力

牛頓
Issac Newton

英國數學家、哲學家、煉金術士和天文學家（1642－1727），偶爾也被視為史上最偉大的思想家。發現了地心吸力，建立了經典力學體系，並與萊布尼茲你爭我搶地發明了微積分。

請您試想一下：天黑了，您正在鄉間散步，突然一個蘋果從樹上掉了下來。然後您仰望天空，看着那輪美麗的橙黃色的月亮，突然想到高空中的那輪月亮和地上的這顆蘋果，遵循的是同一條定律。那讓蘋果掉落的力量和地球吸引月球的力量是同一種力量。蘋果墜落，月球轉動，是同一力量的作用結果。據伏爾泰說，牛頓就是這樣發現萬有引力定律的。月亮和蘋果一樣，都朝着地球的方向墜落，區別是月亮永遠觸不到地球，因為後者一直在躲着它。天空和地面之間可沒有什麼阻隔，所以牛頓跳傘的時候如此悠然自得也就一點也不令人感到驚訝了。

順便提一句，亞里士多德，還有古希臘人的那套天上的世界和地上的世界遵循着不同定律的觀念就此終結了。只有一個、唯一的世界，一個遵循同樣定律的世界。不過，它真的不是……上帝的別名嗎？

請您再試想一下：白天，您正在田野裏散步。一顆蘋果突然從樹上掉了下來，垂直地、重重地掉了下來。然後緊接着，一片葉子也掉了下來，輕輕地，旋轉着，好像每下落一點就要因為它自身的輕盈而停頓一下。要有天才的眼睛才能**看出**不同的運動表象之下隱藏着同一的規律。牛頓沒有僅僅滿足於看出這一規律，還將它數學化了。在他垂老之時，人們問他：用自己的思想和方程式解釋了整個宇宙對他產生了何種影響？他回答說：「我就像一個在沙灘上玩耍的孩童，幸運地撿到了一瓣最美麗的貝殼，或者是一顆最光滑的鵝卵石，但我對面前的那片廣闊的真理之海仍然一無所知。」

帕斯卡
Blaise Pascal

　　法國哲學家、作家和科學家（1623－1662），計算器的發明者，先是「自由思想者」，後成為基督教辯護人。著有一部重要的作品《思想錄》，該書集合了一些旨在闡明人類失去上帝之「痛苦」的零散段落，在他逝世後出版。

　　詭異的帕斯卡……一方面，他嘲笑所有那些試圖用理性方法證明上帝存在的人，說他們太過自負。「上帝可以被感受，但不可以被證明」——祂是「心中的真理」，而非「理性的真理」。祂存在於人內心的最深處、存在於房間的寂靜中、存在於希望的秘密中，但不存在於推理方程式中。而另一方面，他那個著名的「上帝之賭博」，讓人覺得他似乎也站到了曾經被他批判的那些人的一邊，因為這個「賭注」全面論證了信仰上帝於我們是有利的。讓我們一起來回顧一下。第一種情況：我信仰上帝。如果祂存在，那麼我就成了大贏家，永恆的生命和天堂都有了；如果祂不存在，我也不會輸個精光——至少我曾經合乎道德地生活過。第二種情況：我不信仰上帝。如果祂不存在，我不會有任何損失；但是如果祂存在，那我就什麼都沒有了——天堂裏沒有不信教者的位置。因此信仰上帝是有利的——該在他身上擲下賭注。這是理性下注。那麼帕斯卡是如何做到一邊批判通向上帝的理性之路一邊自己又走上了這條道路的呢？在他擲下「賭注」的那一刻，他面向的是那些只願聽取理性論據的自由思想者、無神論者。信仰當然另有真諦，但他願意告訴**他們**，向他們證明哪怕只用一條很簡單的理由也能夠得出必須信仰上帝的結論。不過這樣的實際生活一定沒那麼輕鬆。煙酒店的老闆把這一點看得很透，雖然他看上去有點四肢發達。他建議帕斯卡去買彩票，其實是想請他移步到一種沒有賭馬這麼理智的賭博形式，不需要任何論據支持、不需要解釋為什麼選這個號碼而不選那個號碼的賭博形式。這位鬍子沒刮乾淨的煙酒店老闆說不定是個聖人……他想讓帕斯卡重新把賭注與神秘，以及真正的信仰調和在一起：真正的信仰是不需要理性的。

伊拉斯謨
Desiderius Erasmus

荷蘭人文主義思想家和神學家（約 1466－1536），文藝復興後期的核心人物，反對路德（Martin Luther），並以自由意志的名義與之進行過激烈的筆戰。著有代表作品《愚人頌》。唯一的不足是他的名字，一位偉大的人文主義思想家真的能以迪迪埃[1]為名嗎？

「抓緊你的畫筆……我要把梯子撤走了！」一個荒唐的玩笑，聽起來愚蠢至極……然而愚人卻有揭示某些意義的能力——這便是伊拉斯謨的《愚人頌》的中心思想。人們怎麼會聽不出來「抓緊你的畫筆」的本意其實是「你只需要考慮你的藝術作品就行了，不要再去迎合社會習俗了」呢？怎麼會聽不出「我要把梯子撤走了」的意思其實是「我把你所有的拐杖，所有那些所謂不可或缺的支架都扔掉，這樣你從現在開始就不得不全心全意地投入到你的藝術創作當中去了」呢？《愚人頌》，這部他在他的朋友托馬斯·摩爾（Thomas More）家花了一週時間完成的作品（！），托言於「愚神（Moriae）」：她是全書的敘事者。不過這對於幽默詼諧、熱衷於諷刺的伊拉斯謨而言，着實是抨擊其時代，抨擊時人（那些假裝虔誠的天主教徒、可笑的學究、神學家以及阿諛奉承者……）的迷信思想的最佳方式。這種手段十分哲學化——採用「愚神」的視角，引導我們以全新的視角看世界；骨子裏又十分文學化——在一個幾乎不可能的敘事者外衣下，假借她的雙眼看世界。在這一方面，《愚人頌》堪稱對後世西方文學影響最大的作品之一。後來的作家們總是想方設法讓自己儘可能地「不正常」，變身為最瘋狂、最離奇的敘事者：一隻蟑螂、一頭母豬、上帝、金融連環殺手……試圖讓那些什麼都不願意看到的人們睜開雙眼。因此，愚人頌，歌頌讓我們重返理性的愚人。

1　伊拉斯謨是姓氏，他原名 Desiderius（德西德里烏斯），Didier（迪迪埃）是其法語拼法，該名字有 désir（慾望）之意。

打倒死神！

叮咚

你好？

我是來接您的死神

哈哈！真不錯！

站那兒別動！

來，糖拿着！

萬聖節快樂！

不好意思，塞內卡……

……我真的是死神。

OK！

我準備好了。

不過你得先把糖果還給我！

塞內卡
Seneca the Younger

古羅馬斯多葛學派哲學家、劇作家和政治家（公元前4年－公元65年），他是卡里古拉統治時期的宮廷顧問，曾做過尼祿（Nero）皇帝的家庭教師，後成為其顧問。其著作包括：《論生命之短暫》、《致魯齊留斯的道德書簡》、《美狄亞》、《伊底帕斯》、《費德爾》……

　　為了做好死亡的準備而探究哲理……這行得通嗎？柏拉圖告訴過我們：「探究哲理就是學習死亡。」伊比鳩魯（Epicurus）也曾說過：「只要我們存在一天，死亡就不會來臨，而當死亡來臨時，我們已經不存在了。」但是斯多葛學派比他們走得更遠：與對死亡的恐懼做鬥爭成為其學說的基調。「人們畏懼逃亡、貧窮、死亡，」塞內卡寫到，「必須向這些膽小鬼們證明他們所畏懼的對象只不過是一些虛幻的幽靈……死亡到底是什麼？自然之必然。還債的時間早晚又有什麼要緊呢？」反對，而且是強有力的反對：他們想教我們為死亡做準備，然而他們自己都還不知道死亡為何物！一位教練之所以能夠輔導運動員進行參賽訓練，是因為他擁有一定的比賽經驗，往往是教練本人都曾經當過冠軍。但是從來沒有人經歷過死亡；沒有人能夠死而復生向我們訴說他們的經歷。我們了解死亡的前兆，疾病、衰老；它的後果，哀悼、悲痛、見公證人，然而我們卻不了解死亡。塞內卡的方法──儘可能多思考死亡以求將其馴服──之局限性由此可見。思考的對象是什麼還是得知道的，令人感到不安的正是我們對它的一無所知（見左下角的塞內卡）。但是情況出現了轉折，而且是強有力的轉折：塞內卡在尼祿的逼迫下切開自己的血管並親眼目睹死亡緩緩地來臨，他以一副模範的姿態完成了這場考驗。這個轉折促使蒙田寫下了如下的話：「看到塞內卡不遺餘力地為死亡所做的準備工作，看到他為了堅定信念和信心所承受的痛苦以及他一路走來的掙扎拚搏，我或許會對他的名聲加以懷疑的，如若不是他勇敢地用死亡保住了這份名聲的話。」（見右下角的塞內卡）

康德
自助餐

叔本華？

下次我們絕對不能再放他進「任意自助餐」了！

叔本華
Arthur Schopenhauer

德國哲學家（1788－1860），曾與黑格爾於同一時期在柏林授課。他上課的階梯教室幾乎空空如也，而黑格爾那邊卻人山人海。直至晚年才聲名鵲起。主要著作：《作為意志和表象的世界》。

每天中午，叔本華都在同一個地方享用午餐。他會選一張雙人桌，多點一份食物放在自己的對面，如此他便可以讓所有的人類動物都沒法與他同桌——他憎恨這些動物的陪伴，寧願和他的貴賓犬（他親自指定的財產繼承人，見右下角）待在一起。叔本華的悲觀主義完美地體現在他對康德道德哲學的批判中。康德將道德命令——「你必須行善」——定義為唯一的**定言令式**：它具備普遍有效性，不受任何條件的限制。康德的定言令式與其他只在某種條件下具備效力的**假言令式**——「如果你想成功，那麼你就必須好好學習」——形成對比。叔本華則反駁道，事實上，「道德」令式，即所謂的「定言」令式，本身也是假言令式：人**只有在他人也行善的時候**才會行善。對對方的期待是促使他們「道德地」行動的唯一動力；真正意義上的善良意志是不存在的。這種悲觀主義建立在一種形而上的基礎之上。叔本華認為，生命由一種盲目的力量主宰——「意志」。是意志讓「植物生長」，讓「磁針指向北方」，「它存在於身體的親和力之中」，正如它存在於「令石頭朝地面墜落的重力」之中。也恰恰是意志，讓我們的腦中充斥着永遠無法滿足的慾求；它總能找到新的目標，並向我們宣判永無止境的苦刑。想要尋求安寧，就必須像某些印度智者一樣，學會放棄慾求，學會否定自身意志以求擁抱和認識虛無。簡而言之：再也不去吃自助餐了。我們可以從這幅漫畫中看出叔本華是多麼地努力。當然他在現實生活當中也一樣：他經常出入妓院，且直至逝世一直沉浸在自己的榮譽之中難以自拔。

邁蒙尼德（摩西·本·邁蒙）
Maimonides (Moses ben Maimon)

安達盧西亞哲學家、法學家、醫生和天文學家（1135－1204），是他所處時代的猶太教最高權威，《困惑者指南》及《密西拿托拉》（《第二律法書》）的作者，後者是歷史上最重要的猶太教律法輯錄。

他到底是塞法迪猶太人還是阿什肯納茲猶太人[1]？各種論據編織成一組瘋狂又矛盾的舞曲：邁蒙尼德覺得自己與同樣出生於哥多華[2]、幾乎和他生活在同一時代的那位天才阿拉伯人阿威羅伊（Averroes）十分親近 —— 塞法迪猶太人！有可能⋯⋯但是邁蒙尼德這位強烈反對猶太教神秘主義和具有感性傾向的人，憑藉其將上帝之愛與對世界的理性認知相結合的思想對聖托馬斯·阿奎那產生了十分重要的影響 —— 阿什肯納茲猶太人！再說，聖托馬斯·阿奎那給他起了個外號叫「猶太教堂之鷹」—— 這個詞怎麼可能是用來形容一位塞法迪猶太人的呢？這個論據好像有點牽強，不過我們暫且先把它算在內⋯⋯但是別忘了，邁蒙尼德所追求的是平易近人，他想要發展一種不僅限於學者範圍的語言、一種不像傳統猶太教教士的文筆那麼簡潔晦澀的寫作風格 —— 塞法迪猶太人！有可能，但是作為醫生的他曾經在哮喘病方面做過大量的研究，並且早在1190年，他就將此病症看作是一種本質上的神經系統疾病了 —— 阿什肯納茲猶太人！還有呢，他最受歡迎的著作是《困惑者指南》。在該書中，他假借幫助一位埃及蘇丹之由，分析了抑鬱症的成因並提出了一些有助於理解抑鬱症的方法 —— 阿什肯納茲猶太人！好⋯⋯但是《困惑者指南》在被翻譯成希伯來語之前，是用阿拉伯語寫成的 —— 塞法迪猶太人！確實，但要是如邁蒙尼德所言，必須等待彌賽亞的到來的話，這在本質上其實是個讓精神和思維終於能夠充分放縱的機會 —— 阿什肯納茲猶太人！這支舞曲已經持續八個世紀了⋯⋯

1　塞法迪猶太人（法語 Séfarde，英語 Sephardi）指 15 世紀被驅逐前祖籍在伊比利半島，遵循西班牙裔猶太人生活習慣的猶太人。阿什肯納茲猶太人（法語 Ashkénaze，英語 Ashkenazi）指源於中世紀德國萊茵蘭一帶的猶太人後裔。近年來在以色列，人們將來自歐洲的猶太人統稱為「阿什肯納茲猶太人」，將來自其他地區的猶太人（也門、庫爾德等）統稱為「塞法迪猶太人」。
2　哥多華：位於西班牙安達盧西亞自治區的一座城市。

如果
這就是俺

翁福雷？
Michel Onfray

孔特—斯蓬維爾？
André Comte-Sponville

李維？
Bernard-Henri Lévy

費里？
Luc Ferry

賈夸？
Albert Jacquard

西呂尼克？
Boris Cyrulnik

可以看出您從西藏佛教
哲學中獲得了安慰……

不過……

……我還是要提醒一句，
您是無法選擇您的轉世的。

藏傳佛教
Lamaism (Tibetan Buddhism)

藏族版本的佛教吸收了泛靈論宗教苯教（藏語拼音 Bön），有轉世靈童的特殊傳承方式。

這位藏族智者搞錯了。這個男人並非在試着選擇他的轉世，而是自己給自己提出了一個非常有意思的問題。他十分清楚佛教所追求的境界是自我的消失，而這一點是無法和成為另一個我 —— 李維也好，費里也罷 —— 同時成立的。不過這位背包客最近才離開西方世界來到這裏，他的腦子裏仍然縈繞着西方世界的困擾。在西方，人們常常談起佛教，很多明星在皈依佛教的同時也會投身於一種新型的健身運動（他記不起那種運動的名字了，只記得某個週日晚上在 M6 台[1]上看到過一篇相關的報道），不過這些自始至終都是符合自我昇華之邏輯的。這難道不是背棄了佛教的終極目標，即循序漸進實現「無我」嗎？難道不是應該將自我從我中解脫出來嗎？然而就在這時，另一個問題，一個令他感到前所未有地恐懼的問題，出現了。將無我當成我中之物，想要擺脫自我，這難道不等於錯會了法的深意，即無我與我一樣無跡可尋嗎？如果自我其實並不存在，如果它只是虛構之物，那麼把它當成一個必須擺脫的消極實體又有何意義呢？這難道不是又成了二元論、侵略性的西方思想的囚徒了嗎？想要實現自我解脫，這難道不是給這種囚徒身份板上釘了釘嗎？他睜大雙眼，緊緊地盯着那個聰明絕頂的男人：想不再去想，這是否還是在想？

1　編者注：法國電視 6 台。

剛剛好

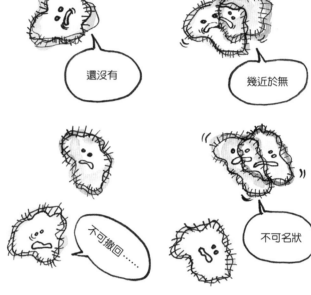

揚科列維奇
Vladimir Jankélévitch

法國倫理學家和音樂家（1903－1985），猶太人，抵抗運動成員，對人類美德與缺陷的本質進行了探討。主要著作：《諷刺》、《永不失效》、《美德論》……

　　一位將自己的主要作品之一命名為《不可名狀和幾近於無》的作家，一位將其最重要的訪談錄命名為《未完成之路》的作家，您一眼便可看出他不喜歡小題大做 —— 因為那樣做的品味太差了，有違這位擅長寫作（這一點十分罕見）的哲學家兼深知文字之音樂美的音樂家的微妙風格。您只需翻開《諷刺》一書的任意一頁，就會發現不是所有哲學家的寫作風格都和康德或布迪厄（Pierre Bourdieu）一樣。您也會發現諷刺不是嘲笑：嘲笑是貶低他人，而諷刺則依託於智慧。嘲笑令我們與他人疏遠，而諷刺則意在建立一個共同的世界。若嘲笑是鬼臉，那麼諷刺則是微笑 —— 甚至可以說是「思想的微笑」。諷刺偶爾會有破壞性，但不至於會破壞我們與他人之間的默契。「凡是被諷刺誤導的，諷刺會給他一個台階。」揚科列維奇說得很漂亮。諷刺是「耍聰明」，但同時也讓他人變聰明。不過現在讓我們回到「幾近於無」上來，回到音樂上來。生命，「宇宙狂想曲中的一段遐想之插曲」，或許只是在無限的死亡中剪出的一段「曇花一現的旋律」。它「幾近於無」，雖曇花一現，卻蘊含着永恆的價值：經歷過這曇花一現的一生是一個不論死亡還是絕望都無法摧毀的事實。不論死亡，還是絕望……還是納粹。曾經存在過的再也不可能未存在過，這便是揚科列維奇對納粹 —— 那些想要摧毀猶太人，甚至連他們的回憶都不放過的人 —— 的回答。他的其他回答還包括切斷與德國的一切聯繫；再也不讀任何一位德國作家的作品，再也不聽任何德國的音樂作品 ——「寬恕已經死在死亡集中營裏」。而這，我們應該承認，比起「幾近於無」好像是多了那麼一點點……

休謨
David Hume

蘇格蘭經驗主義哲學家（1711－1776），曾經商，後任大不列顛王國駐法國大使館秘書，一度是尚－雅克·盧梭的好友，後與之失和。著有《人性論》和《人類理解研究》等。

　　大衛·休謨一直在找揍。當他於 26 歲那年寫下「寧願毀滅世界也不願劃破我的手指，這與理性並不矛盾」時，他惹怒了全體道德哲學家——所有那些想要否認理性驅使我們首先追求享樂、想讓我們相信理性能夠支配激情的人。他變本加厲地批判理性，甚而說理性無法證明太陽明天早晨必然升起。當然，明天早晨，太陽很有可能會升起，但我們知道這一點是出於經驗。這一點並沒有得到論證！再說，一旦發生天體意外，太陽這顆恆星死了……明天早晨它是**有可能**升不起來的。休謨這位集自負、現實主義和懷疑主義於一身的天才告訴我們，不能把根據經驗得來的感知誤認為理性證明的成果——在太陽這個例子中的經驗指的是所有前人的經驗。其實，休謨打出的拳頭比他捱的還要多。這邊，剛剛扇了傲慢的人類理性一記狠狠的耳光；一轉臉，又用「自殺是人類與生俱來的自由」之觀點給了那些信徒一記重重的頭頂。閱讀休謨的作品對於康德而言是具有啟示性的經驗——據他本人所說，它們把他拉出了「教條主義的迷夢」。休謨的作品讓康德看清了理性之局限，為他後來燃起的《純粹理性批判》之火埋下了火種。休謨挑起了標致（Peugeot）車車主的怒火；同樣的怒火也吞噬了西方形而上學和理性主義……從歷史的角度來看，被送往急症室的似乎應該是被惹怒的後者。

薇依
Simone Weil

法國哲學家（1909－1943），皈依天主教的猶太人，曾為工會運動家，後投身於抵抗運動，主要著作為《重負與神恩》和《扎根》。

　　您知道一位哲學家的高雅體現在何處嗎？體現在表裏如一。怎麼想就怎麼做，自始至終知行合一，達到古代哲學的期望──讓哲學既是理論思辨也是生活方式。西蒙娜・薇依就具備哲學家的高雅，而這是相當罕見的。當她談論工人的工作條件時，她就真的跑去工廠工作並據此寫出了傑作《工廠日記》；當身在倫敦的她深感自己與那些身處法國淪陷區、生活必需品受限的法國人民團結一致時，她決定吃和他們同等分量的食物，並因此而去世。神恩，在她看來，是努力的反義詞。因此，聖人的身份沒什麼好羨慕的──聖人並不為了成為聖人而付出努力；他們的善良是與生俱來的。西蒙娜・薇依是反康德的。根據康德的說法，若想為善，則必須擺脫身體的重負和生性的自私，憑藉自身的努力將善置於優先的位置。西蒙娜・薇依以一種純粹的神恩思想反對這種努力道德觀和自我撕裂。她的小學校長可以在這一點上作證：早在她玩跳房子的時候，她就從第一格到最後一格，一氣呵成，不費吹灰之力。後來，哲學家阿蘭（Alain）成為她在高等師範學校預科的老師。「她極其聰慧，甚至可能已經讀通了斯賓諾莎。」阿蘭絕無僅有地用這等言語來評價他這位女學生。咦，斯賓諾莎……他也是個有勇氣做到知行合一的人。他為了能夠享受思其所思的快樂，甚至經歷了被流放和被開除教籍的命運。斯賓諾莎和他的「至福」，西蒙娜・薇依和她的「神恩」──是同一種高雅。

雅典製造

你看這都是什麼！

從希臘語翻譯成希伯來語！

又從希伯來語翻成波斯語……

波斯語到阿拉伯語……

希臘語版的影子都沒了……

阿拉伯語版本是傳到西方的唯一版本：又被翻譯成了拉丁語……

最後，又從拉丁語翻譯成法語……

而所有這些版本的源頭是中文！

你叫我怎麼看得懂？！

我以前還真不知道您的作品是用中文寫成的，亞里士多德先生……

我的作品？

我說的是這台吸塵機的說明書！

亞里士多德
Aristotle

古希臘哲學家（公元前 384－前 322 年），醫生之子，曾師從柏拉圖，後成為馬其頓國王亞歷山大大帝的教師。哲學學校的創始人，亦是現實主義和百科全書主義的創始人。他影響深遠，其作品不僅被翻譯成了阿拉伯語，啟發了阿維森納（Avicenna）和阿威羅伊，又得到了天主教神父的注解。主要著作有《尼各馬可倫理學》和《政治學》等。

　　我們可以把柏拉圖式的狂妄——柏拉圖追求真和善，並不惜為此無視那些具體的事物——與亞里士多德式的謙遜對照起來看。柏拉圖目光落在高處，他仰望「思想的天空」，一心尋求永恆的本質；而亞里士多德則從他的周圍可見的事物出發，着手進行精確的，甚至是十分艱辛的分類工作。他將所有的東西都分門別類：各種動物、植物、政體、人類美德……亞里士多德的這種做法之謙遜與其成果之驚人的偉大形成了強烈的對比。亞里士多德的全部發明加起來絕對超出一般人的想像範圍。他是第一位真正意義上的民主制守護者，還很有可能是我們今天所說的倫理的發明者——倫理是一種針對與「此處」和「此刻」相關的價值與準則的研究方法，一種不再帶着柏拉圖的道德觀看世界的方法。甚至連「形而上學」（métaphysique）一詞也源於他的作品，該詞在亞里士多德去世後被人找出來，用於指代其所有物理學研究作品「之後」——希臘語中的 méta——被整理出來的著作。生物學和邏輯學等人類知識領域的開闢者也是他。您開始明白了吧……他是一個本質上假謙虛的人。是那種當人家和他談起他作品的重要意義時假裝聽不懂的人，假裝不知道自己已經對一切都進行過思考，假裝吸塵機的說明書不能在亞里士多德全部著作的黃金關鍵句之閃耀下變得明朗起來：「存在一詞具有多重意義。」

情感來了！

Conatus!

Conatus!
趴下！

實在對不起，
斯賓諾莎先生……

沒關係……

斯賓諾莎
Baruch Spinoza

　　猶太裔荷蘭哲學家（1632－1677），曾以成為猶太教教士為目標研習過《塔木德》，後因把上帝重新定義為……「自然」而被逐出教會和流放。著有史上最具影響力且體系最龐大的書籍之一——《倫理學》。

　　存在，即努力保持自身的存在。斯賓諾莎如是描述生命的自我運動。生長的植物「保持其自身存在」，狂吠的犬「保持其自身存在」，有慾求的人類也一樣。您莫求甚解，先看一看。別盯着這條汪汪叫個不停的狗了，不如看一看那匹奔馳在一望無垠的草原的馬，牠的脖子伸縮自如，牠的步伐均勻矯健，牠的體內貫穿着生命的衝動，只因為牠存在於這個世界上。因為牠生存在這個世界中，斯賓諾莎明確指出：在世界中，就是在自然中，亦即在上帝中。我體內的生命，是自然／上帝在我身上表達。我身在其中，怎麼會無動於衷呢？我的思想、我的慾望都是宇宙藉我的軀體進行自我表達的方式。我悲傷，是因為宇宙通過「削弱我的生存力量」影響我的情感；我高興，是因為我的「生存力量」得到了增強。我永無自由，因為我存在於上帝之中，但我可以自由地理解我無法獲得自由的原因。既沒有善也沒有惡，因為整體蘊含於上帝之中；好和壞的評判標準完全取決於我在上帝之中的存在如何影響我自己。不論是思考的人還是有慾求的人，都不完全等同於一匹奔馳的馬，這點我可以向您保證。但不論是這兩種情況中的哪一種，都是「努力」（conatus）在發揮作用——存在的萬物為了能「保持其自身存在」所付出的努力——這是一種等同於生命本身的力量，即叔本華後來稱之為「意志」、尼采稱之為「權力意志」，而佛洛伊德最終稱之為「力比多（Libido）」的東西，只不過後三者將其概念限定在有生命的人類身上。

* 杰拉爾・朱諾（Gérard Jugnot，1951－），法國電影演員、導演，曾出演過《放牛班的春天》等電影。

柏格森
Henri Bergson

法國哲學家（1859－1941），在其全部作品中將直覺放在理智的對立面進行了探討。與沙特不同，他沒有拒絕諾貝爾文學獎。其作品包括：《物質與記憶》、《創造進化論》。

　　想像一下1883年的秋天，克萊蒙費朗市的布萊茲·帕斯卡高中開學了。學生們見到新來的哲學老師，他個子不高，毫不張揚，謙遜又過度有禮貌——這一點遺傳自他的英國母親。他的名字叫亨利·柏格森，若是有幾個魯莽的年輕人覺得他長得有點像那個時代的朱諾，這也不是沒有可能的。然而正是這樣一個男人打開了20世紀哲學的大門。他發現：綿延不是時間。綿延，是我們的意識度過時間的方式。如果您上的是一位名叫亨利·柏格森老師的引人入勝的課程，30分鐘只會「綿延」三秒鐘。如果老師很差勁，30分鐘能「綿延」三個小時。綿延，是主觀地度過的時間。這在您看來是顯而易見的事情，科學卻無力解釋。理性像看待空間一樣看待時間——把時間當作某種可以被劃分為等份的東西。您還要等10分鐘？那就是五個兩分鐘，理性迅速地「將時間空間化」後做出了如上解讀。所以，能夠把握我們與時間之間的真正聯繫的並非理性，而是「直覺」，「關於綿延的直覺」。柏格森就是這樣打開了20世紀的大門：不是通過寫下《笑》——這本書並非他的核心作品——而是通過質疑理性所扮演的角色，通過提出一種貼合生命最直接、最具體的經驗的哲學理論。20世紀很多作家、詩人和畫家都頂禮膜拜這位克萊蒙費朗市的高中教師——他後來成為法蘭西公學院教授和諾貝爾文學獎得主。

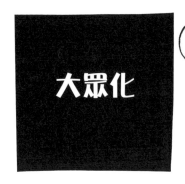

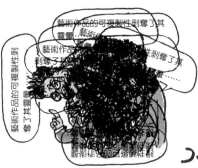

班雅明
Walter Benjamin

德國哲學家和藝術評論家（1892－1940），曾在《機械複製時代的藝術》一書中探討了攝影時代人與藝術之間關係的變化。

　　所有在羅浮宮裏出神地欣賞蒙娜麗莎的人都已經在明信片上、杯子上，或者T恤衫上觀察過她了。根據班雅明的說法，藝術作品正是因此而失去了其「靈暈」（aura）——其神秘的存在。它不再是空間和時間的某個點上獨一無二的奇跡。它能夠被機械複製的事實剝奪了它的魔力；它的可無限複製性使它啞然無聲。攝影技術掏空了繪畫那無法用言語表達的真實；技術謀殺了藝術。而由於電影的出現，按照班雅明的說法，「靈暈之沒落」簡直創下了新的紀錄。電影是直接以複製為目的而被拍攝的，就是為生產自身的複製品而生的。電影即「靈暈之死」的藝術化身。那麼，是否應該懷念那個只有具備文化素養的資產階級才能在他們的沙龍裏欣賞大師作品的時代呢？班雅明可沒有這麼說。其實靈暈的沒落是文化民主化的別稱，好比美好事物的黑暗面。塞尚（Paul Cézanne）靜物畫的複製品給人走近原畫仔細端詳的慾望。您看過電影《詞語》[1]嗎？《大開眼戒》[2]呢？它們能叫「靈暈」之死嗎？如果說事實其實恰恰相反呢？其實是享譽全球的傑作所特有的……魔力？如果說技術反過來賦予了這些傑作一種全新形式的靈暈呢？您應該還記得涅槃樂隊（Nirvana）的那場「不插電」（Unplugged）演唱會吧。1993 年，科特·柯本（Kurt Cobain）俯身抱着他的吉他，嗓音在痛苦的底蘊上與聞所未聞的旋律交匯，龐克的狂野和嬉皮士的冷漠融為一體。成千上萬的人在電視機前着了迷。成千上萬張涅槃樂隊的 *UNPLUGGED IN NEW YORK* 專輯緊接着席捲了世界各地，讓這位正在經歷苦痛的搖滾之星變成了神一般的存在。「靈暈」之死？是，也不是。作品變成了商品，但同時也變成了擁有不同背景的最廣泛的人群觸手可及的東西——這就是大眾文化的誕生。

1　《詞語》（*Ordet*），又譯《神喻》，1955 年於丹麥上映，由卡爾·西奧多·德萊葉導演。
2　《大開眼戒》（*Eyes Wide Shut*），1999 年公映，由史丹利·寇比力克導演，湯·告魯斯和妮歌·潔曼主演。

烏托邦的一代

只用一首歌……

……和一點想像力……

我就能帶您飛上小島……

……安寧幸福之島。

嗯……

我說，托馬斯·摩爾先生……我覺得您的「烏托邦」理論很有吸引力……

……就是讓所有人都能吃上「恐龍樂園餐」的想法！

但有一點實在不太現實……

摩爾
Saint Thomas More

英國作家、神學家、政治家（1478－1535），伊拉斯謨的朋友，馬丁·路德的敵人，亨利八世任國王時期的大法官——就是這位國王判處他死刑——1886 年被天主教會封聖。主要著作為《烏托邦》，「烏托邦」一詞即源於此書。

請您仔細看看藏在小恐龍卡西米爾[1]頭中的托馬斯·摩爾的頭：它於 1535 年 7 月 6 日被砍掉了，因為托馬斯·摩爾堅持不承認亨利八世與安妮·博林的婚姻，還因為他的沉默在當時的英格蘭開始引起了可怕的議論之聲。作為一位忠實的傳統天主教徒，同時也出於對亨利八世的第一任妻子阿拉貢的凱瑟琳之友誼的忠誠，他無法接受一位國王離婚、再婚、由着自己的性子胡鬧（亨利八世共結過六次婚，他的第一次再婚，即遭到教皇禁止的那一次，是英國國教誕生的起源；他最終下令斬首了安妮·博林）。雖然托馬斯·摩爾沒能有時間見證完國王的六次婚禮，但他的時間足夠他用來創作大量的作品，其中《烏托邦》一書的神秘和光芒足以媲美不明飛行物體。他在該書中重修了柏拉圖式的理想國，那裏的特點是財產完全公有（比如，每一棟房屋都有一扇為了歡迎陌生人而永遠敞開的大門），這也是 19 世紀傅立葉（Charles Fourier）等人的烏托邦社會主義（Utopian Socialism）的靈感來源。於 1516 年出版的《烏托邦》，可以被視為對第一階段的圈地運動及資本主義財產私有制對長期實行土地集體公有制地區的暴力入侵這兩者所造成的社會災害的尖銳批判。他對亨利八世的反抗，讓他在天主教的歷史上留下了自己的名字，而且留下的還是聖托馬斯·摩爾之名。他提出的共產烏托邦，還讓他的作品成為史太林時期的參考讀物！成功地做到了同時被傳統天主教徒和史太林主義者膜拜，他可是歷史上的第一人。在斷頭台下，他對行刑官說：「可不可以麻煩您扶我上去？下來的時候，我自有辦法。」伊拉斯謨很有可能是一邊想着他一邊寫下《愚人頌》的。

1　小恐龍卡西米爾（Casimir）是 1974 年開播、1982 年停播的法國同名少兒節目的主人公。

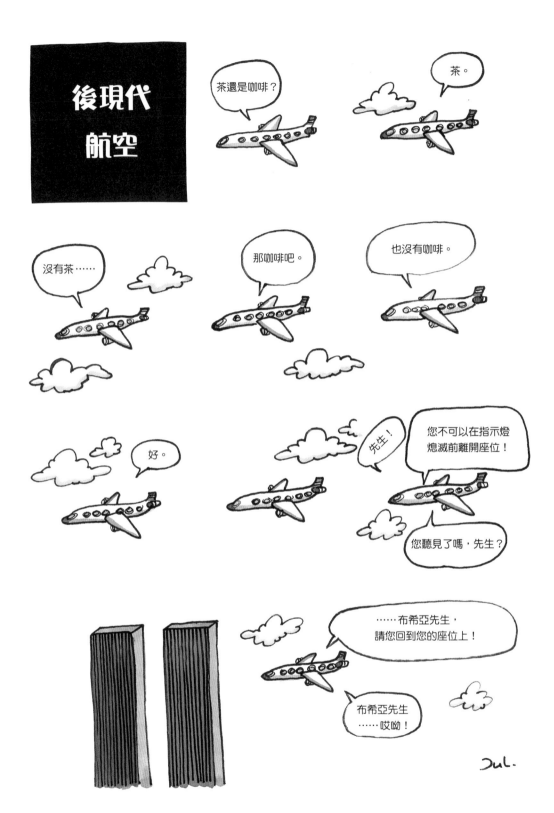

布希亞
Jean Baudrillard

法國社會學家和哲學家（1929－2007），具有深遠影響，主要著作為《消費社會》和《論誘惑》。

「當人們被過剩的平庸圖像和潮水般的虛假事件包圍之時，紐約發生的恐怖襲擊事件讓圖像和事件同時重獲了新生。」讀到這裏，一切都還很正常，我們正在看的是 2001 年「911 事件」發生後，刊登在《世界報》上的署名布希亞的文章，上文屬於開頭部分。恐怖分子在剝奪了西方世界武器（證券投機、媒體網絡……）的同時也在「圖像的白光與恐怖主義的黑光」之結合中賭上了自身的性命。嗯……也還行。緊接着是對打破善惡二元論的呼籲：「我們天真地相信善的進步……在所有領域（科學、民主、人權）都與惡的挫敗相呼應。似乎沒有人懂得善與惡是同時、在同一種運動中迅猛前進的。」好吧，似乎也未嘗不可。然後就是他那套著名的「現實感喪失」（déréalisation）理論：「恐怖事件的吸引力首先是圖像的吸引力，它讓我們的興趣點集中在循環播放的圖像上面，而背後事件的現實感被抹殺。」他那句引起爭議的名言也由此而來——「911 事件不是事件」。這句和那句同樣讓他結交了不少朋友的「海灣戰爭從未發生」遙相呼應。這位空姐似乎正是因此而報復他：「海灣戰爭不存在是吧？」那好，茶和咖啡也不存在！這位空姐請別見怪，我們要說，這個問題還是有一定意義的。給我們留下了最深刻印象的是什麼？是真實的事件還是眼前一遍又一遍重複出現的圖像？——現實還是符號？但下面這段就真的有問題了：「恐怖主義是不道德的。世界貿易中心事件，這個具有象徵意義的挑戰，是不道德的，而它對應的是本身就不道德的全球化。」說得好像這兩種不道德有可比性一樣。還有更嚴重的：「對一切既定秩序的憎惡……幸好是普遍性的，世貿中心的雙子塔是這一既定秩序的……完美化身。」此話乍看之下似乎並無異樣，但請您再好好讀一遍，再仔細讀一下「幸好」二字。然後再想想這段話的語境。想想那 5,000 名逝者。愚蠢，可是的的確確發生過的。

全民牌
剃鬚刀

先生您好，我的名字叫萊昂內爾·朗貝爾蒂。

請允許我向您介紹我司的最新產品三刀頭刮鬚刀……

第一層刀片能夠有效去除原始積累……

第二層幫您徹底剝奪毛髮……

……第三層刀片能保證剃鬚作用力平均分配。

完美體現了本公司的口號：「將舊毛髮打個落花流水！」

謝謝，不過……

……我不需要！

馬克思
卡爾

馬克思
Karl Marx

德國政治學家、經濟學家、哲學家（1818－1883），第一國際的主要組織者，《共產黨宣言》〔與恩格斯（Friedrich Engels）合著〕的作者，並著有一部關於經濟學分析的巨著《資本論》（未完成）。

「將舊世界打個落花流水！」人們常常將馬克思主義對無產階級革命的呼籲與那首著名的革命歌曲等量齊觀。重建真相的時刻到了。在馬克思的眼中，無產階級革命只不過是小事一樁。要想了解他——了解他為何那麼斷然地拒絕了商界代表的提議——就不能忘了馬克思首先是「寶寶版黑格爾」。年少時期的馬克思曾是「青年黑格爾派」的成員。同黑格爾一樣，他建立了一種歷史哲學觀，將歷史與命運做類比，也就是說，歷史是獨立於人類行動之外的。同黑格爾一樣，他認為歷史是朝一個積極的終點發展的，但他用「無階級社會」替換了黑格爾筆下的「絕對精神」——用平等的勝利替換了自由的勝利。同黑格爾一樣，他認為歷史發展的動力是超人類的，不過黑格爾筆下的上帝（形而上學動力）在他筆下變成了階級鬥爭（經濟動力）。同黑格爾一樣，他貶低人類所扮演的角色。所有的「偉人」在黑格爾眼中都只有一個功能，即推動一個不論如何終究都會發生的命運向前進。同理，無產階級革命在馬克思眼中也僅僅是歷史進程的**加速器**而已，而歷史的進步不論如何都會發生——資本主義的內在矛盾決定了它終將被社會主義取代。這就是為什麼馬克思不想把鬍子全部刮乾淨、不想徹底背棄過去的原因。他很清楚他應該感謝過去什麼，也很清楚可能實現的社會主義應該感謝資本主義什麼，他本人應該感謝黑格爾什麼。而這份忠誠通過那句略顯粗暴的「不需要」表露無遺。

憂鬱的繞帶

一位波洛洛族的單親媽媽……

……和一個因紐特雙性人同居了。

一位圖皮－瓜拉尼離婚男子……

……領養了一個希瓦羅小女孩的複製體。

一對侏儒異卵雙胞胎因一位布里亞特老奶奶的細胞群而得救！

一對南比夸拉印第安女同性戀情侶……

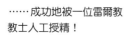

……成功地被一位雷爾教教士人工授精！

李維史陀先生……

我覺得我們這部增補版《親屬關係的基本結構》一定會大賣特賣的！

李維史陀

Claude Lévi-Strauss

法國人類學家（1908－2009），通過了法國哲學教師資格考試，先後任教於巴西聖保羅、美國和法蘭西公學院，《野性的思維》、《憂鬱的熱帶》及《裸人》的作者。

您覺得這樣太野蠻了嗎，一對「蕾絲邊」被一位雷爾教[1]教士人工授精？「野蠻人，首先是相信野蠻的人」，這就是李維史陀對上述疑惑的回答。比如說，認為土著人野蠻的西方人是野蠻人。李維史陀證明了「野性的思維」——一個年輕的師範學校學生離開法國，前往神秘和泥土遍地的巴西，就是為了去接觸那裏的人，研究他們的思維——不如我們的思維理性，卻和我們的思維同樣複雜，同樣有**結構**，它能組織「圖像—符號」，一如我們組織抽象的語言能指（法：signifant／英：signifer）。解析此類結構——那些看不見卻又真實存在的骨架——是李維史陀首創的結構主義人類學研究方法的特點。他在研究美洲印第安人的 100 個神話時，尤其關注它們共有的敘述**結構**。李維史陀還是一位詩人。20 世紀 40 年代，在逃離頒佈反猶太法的法國後，在紐約與布勒東（André Breton）和杜象（Marcel Duchamp）結下了友誼。這本增補版的《親屬關係的基本結構》不見得非火不可，他已經有《憂鬱的熱帶》這部成名作了。在後一本書中，他以一種琳琅滿目的詩意語言風格講述了他的旅程和他的思考。他在書中自問，是否有一天「人類文明的彩虹最終會沉沒於我們用狂暴掘出的虛空中」。看到（早在 1955 年）人類對大自然的所作所為，他悲觀地總結道：「世界開始的時候，人類並不存在，世界結束的時候，人類也不會存在。」這個將結構主義和詩鑄為一體的人於 2009 年與世長辭，享年 101 歲。其他人好像還能再活上幾年。

1　雷爾教（Raëlism）是法國人雷爾於 1973 年創立的一個「科學協會」。雷爾自命為信使，向我們傳播《來自外星人的訊息》：人類起源於外星，二萬五千年前「耶洛因」人（Elohim）在地球上創造了人類……

91

莊子（莊周）
Zhuangzi (Zhuang Zhou)

公元前 4 世紀時期的中國思想家，著有一部以他本人名字命名的道家重要著作：《莊子》。這部作品中有一位名為老子的人物，即道家創始人，但是他真的存在過嗎？還是說他只是莊子筆下的一個人物而已？另外，道家是一門宗教，還是一門哲學？

請您先聽聽莊子怎麼說：「一天，哲學家莊子在一座花團錦簇的花園裏睡着了，然後做了個夢。他夢見自己是一隻美麗的蝴蝶。蝴蝶飛來飛去，直至精疲力竭，接着牠也睡着了。蝴蝶也做了個夢，夢見自己是莊子。就在這時，莊子醒了。此時他分不清現在的自己究竟是莊子本人還是蝴蝶夢裏的莊子；也分不清究竟是他夢到了蝴蝶，還是蝴蝶夢到了他。」

現在請聽聽笛卡兒怎麼說：「有多少次，在夜裏，我夢到自己在這裏，穿着衣服坐在爐火旁，而事實上我正一絲不掛地躺在被窩裏。我實在覺得我此刻不是在用惺忪的睡眼看着這張紙；⋯⋯ 我是有意、故意地伸開的這隻手，我覺得我可以感受到它：在睡夢中發生的事絕不會如此地清晰明瞭。然而，仔細想想，我又記起了，在睡夢中我也常常被此類幻象欺騙。想到這裏，我明顯認識到沒有任何確鑿無疑的跡象，也沒有任何堅定不移的標記可以讓人清清楚楚地分辨清醒與睡夢，這令我震驚不已。」

怎麼樣？中國，還是像我們常常聽到的那樣，「從根本上不同於」西方世界嗎？莊子和笛卡兒所寫的卻是同一種質疑：什麼才是真實？二人體現出同樣的悖論式抱負，因為這兩種懷疑論都不是極端的，它們都只是一種途徑，藉以抵達可能抵達之處：笛卡兒的自我意識，莊子的自我轉化。懷疑自己並非否定自己。給現實加上括號的唯一目的是在一個更美好的世界裏為存在加上着重號。我感覺到您已經準備好了。請閉上眼睛。閉緊一點。然後默唸 44 遍：「括號等於着重號。」

容忍之神

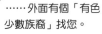

阿威羅伊（伊本・魯世德）
Averroes (Ibn Rushd)

安達盧西亞[1]哲學家和神學家（1126－1198），法學家、醫生和數學家，因被當時的穆斯林權威視為狂熱宗教分子而遭驅逐，被有些人視作歐洲世俗思想的奠基人之一。

圍繞着阿威羅伊有眾多無稽之談：這位阿拉伯的皮科・德拉・米蘭多拉[2]是被一條蛇勒死的，或是被石塊砸死的，又或是被嵌入胃裏的一種刑具摧殘了五臟六腑而死。美國電影把他塑造成為一位容忍界的英雄，而文藝復興時期的畫作則把他描繪成了一位狂熱的教徒。有人說他想要調和信仰與理性……另一說正好相反：他批判經院派哲學家以及所有太執迷於「辯證論」而弄亂《可蘭經》所傳達的信息的人。事實上，這兩種說法都是正確的。阿威羅伊在《可蘭經》中發現了一條「未知的訓誡」，但其對象僅限於學者，其他人會將一切純理論的話語置諸腦後──同樣的信息，必須給這些人提供一個既實用又富含詩意的版本。阿威羅伊與「不忠誠分子」的對抗因此有了一種特殊的意義──不向合適的受眾宣講合適的話語，是為「不忠誠」。阿威羅伊是接連數世紀承襲古希臘遺產的阿拉伯哲學之化身，他甚至會將《可蘭經》當作荷馬式的長篇敘事詩來重新研讀。他為亞里士多德的作品做了數量驚人的注解，並承襲了柏拉圖希望通過理性擁抱神性的人本主義理念。他着手概括總結了──這是前人未曾想過的──已有的所有知識主題，例如：律法、藥理學、醫學，甚至天文學。關於阿威羅伊，常有無稽之談。人們將他們視為「有色少數族裔」等，只是為了對以下事實視而不見：他們在歷史上扮演了重要的角色，他們既不需要外籍員工的名額，也不需要我們這些多數人的認許，就可以活得有聲有色。

1　西班牙南部地區名。
2　皮科・德拉・米蘭多拉（Pico della Mirandola，1463－1494），意大利文藝復興時期的人文主義學者，其著作《論人的尊嚴》被譽為「文藝復興宣言」。

烏爾姆文件

今天，讓我們來開啟一個一直是絕密級別的文件夾……

作為常年被保守的秘密，此文件夾關係到法國知識界一所至關重要的學校……

某些超越了合理接受範圍的現象為我們揭開了既遠在天邊又近在眼前的另一個世界的面紗……

1951：
保羅·尼贊成功地磁化了凡爾賽學院區區長的汽車。

1968：
尚一保羅·沙特拋棄了他的肉身……其幽靈前往奧斯陸威脅諾貝爾獎評委。

1979：
阿爾都塞被魔鬼附身四個小時，其間他一直在用吸塵機打掃公寓。

還有更讓人頭大的：2004年，艾蒂安·巴里巴在阿雷格里港和外星人共進晚餐的照片……

總之……

我敢說我們以後一定還會聽到……

……這個久負盛名、飽受爭議的……

……「高等特異師範學院」的八卦！

高等師範學院，哲學系
École Normale Supérieure, Département de Philosophie

法國著名的公立高等教育機構，1794 年成立，坐落於巴黎第五區，烏爾姆路 45 號。

　　不幸的是，這份文件夾只被掀開了一角。我們可以從這位調查員的表情裏清楚地看出，他並沒有和盤托出。他只談到了哲學系教師，卻絕口不提另外一個問題，即那個更加飽受爭議的哲學系學生的問題。這些人，在那個別人整夜整夜地潦床單、大口大口地灌伏特加的年紀，被迫閱讀諸如萊布尼茲的《單子論》和海德格的《存在與時間》之類的著述。且有證據顯示，這些作品要麼連原作者都不能讀懂，要麼曾將作者置於危險的境地。學校要求他們付出駭人聽聞的努力去領會那些脫離現實、一無用處的偉大思想之魅力，接着通知他們學校會根據他們對這些純理論知識的掌握程度對他們進行選拔和排名。學校教授他們康德、叔本華、維根斯坦、沙特的思想，卻不告訴他們這些思想是出自病人 —— 神經官能症患者、強迫症患者和躁鬱症患者 —— 的頭腦；高師把驚喜一直保留到他們走進學校的圍牆內之後。沒有人告訴他們，褲子太短以及即便急於系統地讀完《哲學片段的結論性非科學附筆》，見了人也要打招呼。高師一邊和他們談論**存在**、**生命衝動**和**生命哲學**，一邊偷走了他們的生命，讓他們在一個蔑視知識的年代裏愛知識勝過愛一切；讓他們變得茫然無措、格格不入；讓他們迷失在自己的時代裏；甚至讓這些往往連駕照都考不到手的孩子們迷失在巴黎街頭。在地鐵裏，他們能夠互相認出來，甚至不需要舉起小拇指對暗號。他們很清楚查拉圖斯特拉那句話的分量：「我愛你們，因為你們不知道今日如何生活。」

康德
Immanuel Kant

德國哲學家（1724－1804），從未踏出過他的故鄉柯尼斯堡小城一步，卻憑藉三個問題——我能知道什麼？我應該做什麼？我可以期待什麼？——和三部「批判」——《純粹理性批判》、《實踐理性批判》、《判斷力批判》——為哲學史帶來了重大變革。

康德的興奮沒什麼好令人驚訝的。他在《實踐理性批判》一書中，一心想要證明道德哲學絕不可自囿於純粹的理論思辨——名副其實的道德哲學必須能夠對我們的具體行動做出指導。他對此深信不疑，於是，能夠被任天堂改編成遊戲也就說得通了。如何才能合乎道德地行動呢？如何在實踐中行善呢？如何，用康德的話來說，將他人視為「目的」而絕不是「手段」？康德回答說，只要將道德律付諸實踐就可以了。該法則的總結如下：「行動時需使你的行動準則可以上升為普遍準則。」換句話說，就是請您捫心自問，如果每個人都仿效您的行為舉止，那麼世界會變成什麼樣。舉個例子，如果每個人都以暴制暴，世界是否會無法正常運轉，瀕臨末日？是就說明您的行為是不道德的。相反地，如果您的行為舉止完全可以「普遍化」，那麼您的行為就是道德的。很簡單，不是嗎？道德哲學——學術語中的「實踐哲學」——針對的一直都是我們經常會遺忘的行動。亞里士多德早就在《尼各馬可倫理學》和《歐台謨倫理學》中提出了幫助我們增加勇氣和樹立美德的具體方法。康德則走得更遠一些：他提出了一個指標，我們可以根據它來判斷我們的行動是否「出於對道德法則的純粹尊重」。若您的行動合乎道德，他寫道，那麼您會得到一種強烈的對自己的感情——「自我尊重」——帶來的回報。任天堂超級 Kant 的遊戲設計師們看透了這一點：當小傢伙表現良好時，他便能贏得更多的生命並開始閃爍，瞬間散發出一種全新的力量所賦予他的光芒。

視角

「論君主應如何守信」……

「依靠自己的武力和能力獲得的新君主國」……

「論市民君主國」……

「堡壘及君主每日都在做的其他事情對他們究竟是有利的還是有害的」……

呃……

我說，馬基維利先生，我相信您是一位非常棒的皇室成員專家……

……《人民與皇室》版面的精神。

但我覺得您的研究方法不太符合我們想要賦予……

馬基維利
Niccolò Machiavelli

意大利哲學家、外交官（1469－1527），佛羅倫斯共和國委員會秘書，麥地奇家族上台後被流放，並於此期間寫下了《君主論》一書，一部真正為掌權者定製的教科書。

唉⋯⋯這位漂亮的 *Gala*[1] 女主編啊，大錯特錯啦：她沒看出這位在《君主論》裏把表象在政治中所扮演的角色理論化的人對她將會多麼有用。馬基維利在該書中證明了，給人一種大權在握的印象，就是大權在握的開始。君主的機敏，即其「美德」，在於在照顧個人形象聲譽方面投入與打理軍隊相等的精力。這可是 1513 年！君主必須集「狐狸的狡黠」（利用強勢的表象讓自己變成實質上的強勢方）和「雄獅的力量」（通過戰爭擴大自己的疆域）於一身。說馬基維利有資格在 *Gala* 的「人民與皇室」版面擁有一席之地，也是由於他的真相觀。真相對於馬基維利而言沒有任何價值。君主必須懂得根據情況，適時掩蓋真相，適時披露真相，這便是政治的藝術。為達目的 —— 奪取權力或守護權力 —— 不擇手段。這並非「馬基維利主義的」（machiavélique），並非心狠手辣的，而是「馬基維利風格的」（machiavélien）：現實的。這種政治現實主義和那些鍾情於公有財產和歷史意義之人的理想主義形成了鮮明的對比。這是文藝復興的另外一面：不是回歸古人的理想，而是於生硬清晰的現實主義之中形成某種現代化。這位女主編，絕對犯了一個超級愚蠢的錯誤。如今的 *Gala* 正是此類現實主義勝利的寫照，那些帶着光環的人物僅憑他們的理想或偉大的靈魂已經不足以吸引他人的目光了。當下能夠吸引讀者眼球的，是他們在洗手間的樣子、注射完肉毒桿菌的樣子、這些皇室人物惱羞成怒的樣子——他們最現實的面貌。她面前站着的是史上最**現實**的政治思想家，而她卻將他拒之於門外。笨蛋！

1　編者注：法國時尚雜誌。

Show
不能停！

……我也會雜耍！

吹口哨……

吐火……

我有腹語天分……

……我還當過實習啞劇演員！

我超會模仿雅克·希拉克。

喀嚓喀嚓！

我會拉鋸琴、變魔術……

……還有人說我是放屁大王！

別怪我簡單直接，德波先生。

您應該調整一下個人的職業定向了，例如，試試找一個不太注重「景觀」的工作……

德波
Guy Debord

法國作家、理論家、電影人（1931－1994），創立了「字母主義國際」（Letterist International）和「情境主義國際」（Situationist International），最後一位具有重大影響力的法國先鋒派。主要著作：《景觀社會》。

居伊・德波去昇製作人的時候壓根就沒指望能被錄用。他其實是在執行一項觀察任務，而該任務需要他潛入「景觀社會」的核心地帶。潛入他所憎恨的那個「景觀社會」的核心地帶，那個人類靈魂消失的地方。然而究竟何為「景觀」（spectacle）呢？「無論何種形式，信息⋯⋯、廣告或娛樂消費，景觀⋯⋯是無所不在的對生產中已經做出的選擇的肯定。」因此，在我們「景觀式」的娛樂活動中，當我們去看電影或者買衣服的時候，我們只不過是在服從資本主義生產結構的指令。德波繼承了馬克思主義思想——經濟生產決定一切——但他用更現代的**圖像積累**一詞取代了資本積累：「處於現代生產條件統治之下的社會生活呈現出大量的景觀積累。所有曾經可以被親身經歷的，都離開遠去成為表象。」在那個世界裏，一切都是假的。如果一位專欄記者在電視上誇讚一本書，那是因為該書的出版社和這個電視台隸屬於同一個集團；如果一位不羈的青年搖滾歌手出現在公眾的視野裏，那是因為他想和大型唱片公司簽約以便能為他純潔的藝術增加一次演出的機會。黑格爾將「虛假」，或「否定」，描述為瞬間的真實，它在被視為真實之降臨的歷史中，是有可能的。而對於德波而言，則恰恰相反：真實是瞬間的虛假。即使，在上文提到的電視節目中，一位才華橫溢的作家接過了話筒，他的聲音也會消失在「虛假」言論的波濤之中，他的話會淹沒於圖像之中，最後他要麼會沉默不語要麼會怒吼。德波於 1994 年 9 月 30 日自殺身亡。

重要的是意向

一！

二！

三！

♫ ♫ ♫

他真的是

他真的是

他真的是……

現－象－
學－家！

啦啦
啦啦啦啦
啦啦啦

我明白它對教學的意義，
但我還是想提個問題：

真的是必須要……

……在胡塞爾的課上
舉行新生禮嗎？

胡塞爾
Edmund Husserl

德國哲學家（1859－1938），發明了「現象學」，一種「根據事物的原本面貌」把握事物內涵的方法。沙特曾在《嘔吐》一書中試圖用文學翻譯胡塞爾的理論。

　　20 世紀，一批胡塞爾培養出來的哲學家，先後在德國和法國掀起了哲學革命。「回歸現象本身」——這便是他們的計劃。他們可不是什麼新生……他們的名字是梅洛—龐蒂、海德格、沙特……整個世紀都為他們而瘋狂。如今每兩位哲學教師中仍有一位是海德格主義者（另一位是康德主義者）。幾個世紀以來哲學家充滿激情地尋找現象**背後**可能隱藏的東西——也就是說，我們所能見到的事物的背後。他們都找到了，還找到了其反面：由看不見的理念構成的天空（柏拉圖）、實體（斯賓諾莎）、意志（叔本華）……這一成果對他們反而只有壞處。「別找了！現象的背後什麼也沒有！」那些被人稱作……「現象學家」的人們齊聲高喊道。真理完完全全呈現於表象之中。舉個例子：您和您的朋友相約在地鐵站出口見面，然後隔着很遠的距離，在人群之中，您認出了他。您認出的不是他的靈魂，更不是他的本質，而是他特殊的表現方式。這種表現方式完整地體現在他作為「現象」的方式之中，體現在梅洛—龐蒂巧妙地稱為「風格」的東西之中。再舉個例子：在沙特的《存在與虛無》一書中出現的那位咖啡館服務生。他是在扮演咖啡館服務生的角色，他從頭到腳都在採用這一角色的神情姿態，他只有通過演咖啡館服務生才能成為一名咖啡館服務生：存在，即表現。讓我看看你是怎樣走路的、怎樣擁抱的、怎樣舉行新生禮的，然後我就會告訴你你是誰。至於胡塞爾、沙特、梅洛—龐蒂……這些現象是不是他們本人，就要問你自己了！

社會
複製學

布迪厄
Pierre Bourdieu

　　法國社會學家（1930－2002），曾對社會支配體系及其真實的、象徵意義上的暴力做出理論分析。主要著作包括《區隔：品味判斷的社會批判》以及與尚·克洛德·帕塞隆（Jean-Claude Passeron）合著的《繼承人：大學生與文化》。

　　社會學家分為兩種。一種認為「局部高於全體」，認為個人（即使他隸屬於「一切」社會團體）擁有選擇自由、思考自由和喜好自由。這些人傾向於右派，他們的名字叫作馬克斯·韋伯（Max Weber）和雷蒙·布東（Raymond Boudon）；另一種則認為「全體高於局部」，認為個人選擇和個人慾求由他與社會團體的隸屬關係所決定。這些人大多是左派，代表人物是埃米爾·涂爾幹（Émile Durkheim）和皮埃爾·布迪厄。終其一生，帶着一種統計員式的一絲不苟以及被壓抑在內心的狂怒，加上偶爾從密密麻麻的數字中透露出來的情感抒發，布迪厄剖析了社會「再生產」，解讀了世代相傳的社會不平等是如何得以延續的——精英是如何實現「機械化」再生產的。您喜歡寫論文嗎？典型的「資產階級行徑」，布迪厄批判道。它讓那些富貴人家的孩子，那些習慣了聽完父母在飯桌上的長篇大論後被他們用「正－反－合」三段論叫去睡覺的孩子，具備了明顯的優勢。您喜歡電台司令樂隊（Radiohead）？這不是「您的」喜好，而是您所在社會階層的喜好——或者說您想通過宣佈自己喜歡電台司令，讓自己「有別於」的那個社會階層的喜好。我們可以看出，這樣的一種思想，讓布迪厄在獲得影印機使用權之前就已經是一位非常危險的人物了。而正如這幅漫畫恰如其分地描繪的那樣，影印機讓他變得比原先更危險了！他成功地實現了大規模的自我複製，讓法國的大學裏充滿了成批的膽小如鼠、卑躬屈膝的迷你版布迪厄。他們在先師嚴厲的眼神之下，帶着遠遜於他的智慧，一成不變地重複着布迪厄的分析和論證。

* 重點教育區（ZEP）：法國教育部於 1981 年提出方案，把紀律問題嚴重或存在教學困難的學校劃歸為重點教育區，為之提供更豐富的教學手段並給予更多的自主權。該劃分模式已於 2006－2007 年間被廢棄，但這一說法沿用至今。

法蘭西公學院
Collége de France

法國最龐大的教學及科研機構，成立於 1530 年，坐落於巴黎拉丁區的馬賽蘭—貝特洛（Marcelin-Berthelot）廣場上。其課程涵蓋了科學、文學和藝術領域，免費開放，不設文憑。法蘭西公學院教授的稱號是法國高等教育的最高殊榮。

在法蘭西公學院上完柏格森的課後（他的課總是人滿為患，以至於大部分聽眾只能站在人行道上，從敞開的窗戶裏聽到他的隻言片語），那些熱愛思想的人們習慣聚集在學院對面，距離馬賽蘭—貝特洛廣場不遠的兩間小咖啡館裏。今天，其中的一間咖啡館變成了以售賣打折牛仔褲而聞名的商店，店名為德拉維納（DELAVEINE），另一間則變成了瑪麗奧諾（Marionnaud）[1]的分店。在離我們稍近一些的時代，生物學家雅克·莫諾（Jacques Monod），喜歡在法蘭西公學院上完課以後去幾百米以外的小酒館喝一杯不知名的啤酒，在那裏他總是能聽到——就好像這些話不是出自他本人之口一樣——他本人關於偶然和必然的精彩言論。即使在獲得了諾貝爾獎之後，他也仍然保留着這個習慣。這家小酒館現在已經變成了西里歐（Celio）[2]的分店，與它一牆之隔的是取代了這片街區唯一一家書店的星球壽司（Planet Sushi）餐廳。那家書店曾經是同為法蘭西公學院教授、同為諾貝爾獎得主的物理學家皮埃爾—吉勒·德熱納（Pierre-Gilles de Gennes）翻閱當代小說的地方。十年前，神秘的 PUF 書店仍堅守在距離法蘭西公學院只有幾步之遙的索邦廣場上。今天，由於這整片區域都被劃成了重點教育區，那裏已經變成了 GAP 的門店。與此同時，幾百米以外的波拿馬路上，DIOR 的店面取代了 Le Divan 書店——就是那個在法蘭西公學院課上暢飲羅蘭·巴特（Roland Barthes）和雷蒙·阿隆（Raymond Aron）的甘霖後，每個人都能找到他們著作的地方。那時一切都是那麼方便，那時是咋天。今天，對於那些從柏格森和莫諾的手中接過接力棒的人而言、對於皮埃爾·羅桑瓦隆（Pierre Rosanvallon）和安托萬·孔帕尼翁（Antoine Compagnon）而言，方便意味着他們可以趁着去法蘭西公學院上課的機會補充一下他們的內褲庫存。

1　法國香水及化妝品零售連鎖店。
2　法國男裝成衣連鎖品牌店鋪。

伊比鳩魯
Epicurus

古希臘唯物主義物理學家、哲學家（公元前341－前270年），提出了一條通向智慧與幸福的途徑。他寫下了奠定了伊比鳩魯主義的數量可觀的著作，現僅存三封書信，著名的《致梅瑠凱信》便是其中之一。

看看這些人，所有這些在咖啡機前排隊的愁眉苦臉的人。他們沒有把握住這個可以提供飲料的機器之存在所代表的奇跡；他們沒有把握住存在的奇跡。而就在這時，智者伊比鳩魯出現了，他對他們說：「請你們停一下，看看這台機器：它在。是的，但它完全有可能不在這裏，它完全有可能沒有被發明出來，或者完全有可能是壞的。現在，請看看你們自己，你們和它一樣：你們，也完全有可能不存在。你們的父母完全有可能從未相遇，你們的母親當初完全有可能選擇做人流。另外，整個世界也像你們和這台機器一樣，像這些杯子和咖啡一樣：世界，同樣完全有可能不存在。一顆原子彈完全有可能在冷戰時期爆炸，太陽完全有可能已經熄滅，而地球上所有的生命都完全有可能不復存在。這個世界上所有的一切都是**偶然的**——所有存在的事物都完全有可能不存在。這正是為什麼有很多值得我們去高興，去**享受**的東西。」伊比鳩魯主義是一種通過思想把握生命的偶然性特徵，從而欣賞生命的奇跡的方法。正是因為在我面前的（比如，這杯咖啡）完全有可能不存在，所以我才要盡我所能去重視它的存在。伊比鳩魯主義者並非極端享樂主義者，而是懂得假借思想的力量重視生存這個簡單事實的人。這就是為什麼伊比鳩魯不需要美式咖啡的原因，小小的一杯濃縮咖啡已經是一個神跡般的存在了。他居然加了糖，這點就夠令人驚訝了。說實話，哪怕手裏只有一杯水，他也完全能夠出盡風頭。

持續千年的平庸

您知道嗎？我有時候會戴綠色的假髮……

我還喜歡吃巧克力味的火腿……

這可不平庸吧……

我母親是在外星人的撫養下長大的……

……我還會背慕尼黑全市的電話簿……

您，您管這還叫平庸？

我腳上的襪子顏色都不一樣……

您管這叫平庸？

呃，鄂蘭女士……

我還會用手走路呢！

……我覺得阿道夫‧艾希曼好像有點兒不能接受您的「平庸之惡」理論。

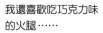

鄂蘭
Hannah Arendt

入美國籍的德國哲學家（1906－1975），其著作革新了對極權主義的研究方法。著作包括《文化的危機》、《極權主義的起源》……

　　高級軍官阿道夫・艾希曼（Adolf Eichmann）在清除猶太人的那個官僚組織裏曾扮演過重要的角色，他於 1962 年被判處死刑。漢娜・鄂蘭代表《紐約客》出席了這場審判並據此寫下了一本引發轟動的書：《艾希曼在耶路撒冷 —— 一份關於平庸之惡的報告》。她在該書中表示艾希曼不是魔鬼，他可能連反猶主義者都不是，但他還是執行了 —— 並下達 —— 命令，導致成千上萬名猶太人死亡。艾希曼不是魔鬼，而是個聽令行事的人。當然他還是個野心家和笨蛋。但他首先是一個只會聽令行事的人；一個認為拒絕執行上級命令絕對超出了**可能性範疇**的人；一個只要「權威」命令他去犯下惡行他就會去照做的人。「平庸之惡」，就是這個意思：惡行並非由「魔鬼」，而是由平庸之人犯下的。這些人不好惡卻犯下了惡行，就好比我們以「良好公民」的標準見到紅燈停下來一樣，區別只在於不闖紅燈並不能讓我們在事業上步步高升。現在請看看他的辯詞：他為平庸控訴而辯解……他戴假髮、背電話簿、喜歡吃巧克力味的火腿，然而沒有一項是違反法律的。即便他編造出最不可思議、最不平庸的事，他依然不具備犯罪的能力。無條件服從命令，無論是對個人還是對全人類，都是一種致命的疾病。對於人類而言，艾希曼對命令的無條件服從讓他變成了反人類罪行的幫兇；對於個人而言，人會因此而失去批判精神，乃至生命。艾希曼於 1962 年 5 月 31 日，在耶路撒冷被處以絞刑。

德勒茲
Gilles Deleuze

與眾不同且魅力非凡的法國哲學家（1925－1995），將哲學定義為「概念的創造」，他自己也創造了不少：根莖、去疆域化、流行哲學⋯⋯

根莖（Rhizome），在植物學中指不是根的地下莖。根有頭、有尾、有終點，是具備組織結構的喬木部分。而根**莖**，則「沒頭沒尾，但任何一處都是其生長和發散的中心」，即使「在某處被折斷了，它也能順着這條或那條莖芽繼續生長下去」。根莖能夠根據與德勒茲命名為「外界」的東西之間的接觸，進行「迅速繁衍」，不斷製造新的分枝。您看這些向德勒茲索取簽名的可愛的小鼴鼠們，牠們之所以能夠認出自己的主人，是因為牠們地下洞穴的結構是根莖式的。這些洞穴的構造不受任何上級指令的指揮：鼴鼠洞既不從哪裏開始也不在哪裏結束，沒有比其他入口更好的入口。即使某天被挖土機挖斷了，牠也能順着另外一條「線」重建。因此，「外界」被視為實現自我重新創造的機遇。可以說一位和樂隊成員一起進行即興演奏的爵士樂手是遵循根莖式結構來演奏的。當然，剛開始是有一個主題，但他的天才之處就在於能讓這個主題「迅速繁衍」下去，不論是從哪裏開頭的。德勒茲一心要成為一名爵士樂手，只不過他演奏的是斯賓諾莎、休謨、尼采⋯⋯的作品。他隨便找到一個切入點，然後讓一切都實現「迅速繁衍」。「我背着思想巨人們的面生下了他們的孩子」，他調皮地總結道。他藉此提出了一個頗具爭議卻又振奮人心的觀點：一部作品最重要的並非其隱含的真理，而是人們利用它產出的結果。

直奔目標 *

當然了，要是能進皇家馬德里那就再好不過了⋯⋯

但要是在裏面只能當替補的話⋯⋯

我媽夢見我進了里昂足球會⋯⋯

沒有這回事！

但要是都靈祖雲達斯的話，倒是可以考慮⋯⋯

除非曼聯請我去踢英超⋯⋯

醫生，您怎麼看？

我？您懂的，傳給我就行⋯⋯

Jul.

---

* 編者注：馬賽足球會之口號。

佛洛伊德
Sigmund Freud

　　奧地利醫生（1856－1939），精神分析學之父，猶太教士之子，發現了活躍潛意識，即力比多。

　　世界足球壇的希望之星，所有球員心目中的領神，全球所有足球會爭相競搶的人物，連續兩年的金球獎得主，從未被曝光過和未成年妓女鬼混的醜聞，但他和他父親之間的問題一直沒能得到解決。他這種向精神分析醫師提問的方式，問他「他怎麼看」的方式，在縮小自我的同時期待着一個粗暴回答的方式，苦苦哀求准許和同意的方式……不知不覺中，他在精神分析醫師的面前重演了他和他父親之間的關係。轉（移）給我，說的就是這個意思：重新，和精神醫師一起，經歷一次在別處曾經發生過的事，只為了最終能聽到它。不是為了改變 —— 人永遠也不可能真正地改變 —— 而是為了把它弄明白。而正是對它的明白會讓一切都發生改變。圖中情景發生後的第四年，在皇家馬德里足球會和巴塞隆拿足球會前所未有地同時向他伸出橄欖枝時，他最後一次躺在了這張沙發上。他對醫生說這簡直令人難以置信，他居然做出了自己的選擇，甚至覺得根本沒必要去問問醫生怎麼想。他知道，這意味着療程結束了。他再也不會將他對父親的那種複雜的情感投射到精神醫生的身上了。他感到很奇怪。其實，他現在明白了，他花了四年時間才發現的，**他一直都明白，但他一直都不想弄明白**。這讓他變得瘋狂，讓他在其他球員面前變得十分強勢，在妓女面前十分粗暴，讓他徹夜失眠。這個人們心裏一直都明白，但卻又不想弄明白的東西，就是潛意識。

洞穴主管

喂？

嗯，開張的事準備得怎麼樣了？

用鏡面球在背景牆上投影？

很好！

氣氛和吧枱，去找幾個伊比鳩魯學派的傢伙，ok？

他們最在行。

門口保安嘛，找個斯多葛學派的吧⋯⋯

那種生不起氣來的，懂了吧⋯⋯

首選黑皮膚的斯多葛⋯⋯

當然了，土耳其人禁止入內⋯⋯

老闆是希臘人。

對了，別忘了給畢達哥拉斯準備的 VIP 會員卡。

啊，等等，有電話進來⋯⋯

啊！

是老闆，我先掛了⋯⋯

喂？

喂？柏拉圖先生？

我正跟人談俱樂部開張的事呢⋯⋯

洞穴

DISCO

絕對神秘，柏拉圖先生

很神秘！

Jul.

柏拉圖
Plato

古希臘哲學家（公元前約 428－前 348 或 347 年），蘇格拉底的弟子，新型文學體裁（《理想國》、《會飲篇》、《斐多篇》……等哲學對話）的發明者，創建了柏拉圖學院……和西方理想主義。

伊比鳩魯學派的傢伙還是挺讓人放心的：他們和朋友聚在伊比鳩魯的花園裏，一邊吃葡萄，一邊品味當下。伊比鳩魯悄聲對他們說：「看見這顆葡萄了嗎？它完全有可能不存在。還有你，看見你自己了嗎？你也完全有可能不存在。就連宇宙也完全有可能不存在。」他這般誘導每個人去慶祝存在這個簡單的事實。簡直就是主持人的完美人選。

入口處的斯多葛學派，也是極好的。「你所能決定的，就是是否接受那些你無法決定的事。」馬可·奧理略（Marcus Aurelius）寫道。你被保安扔出去了？這不是你能決定的。你所能決定的，是接受或者不接受這個事實。不接受──生氣、暴戾──是在痛苦的基礎上再加一層痛苦。你完全有選擇不這麼做的自由：接受你的命運，等於讓自己變得比對手更強大。

至於畢達哥拉斯（Pythagoras），他完全配得上這個 VIP 會員的身份，因為除了著名的畢達哥拉斯定理之外，他還發明了「哲學」這個詞。不過老闆嘛，絕對非柏拉圖莫屬。他讓蘇格拉底的思想變得鮮活，他思考過愛情、知識、早期民主制度、美、善和真……總而言之，一切！懷海德（Alfred Whitehead）甚至說西方哲學不過是「柏拉圖對話的一系列注腳」。柏拉圖是第一位，借其洞穴之喻，恰如其分地形容人們寧可待在偏見的黑暗中也不願迎接真理之光芒。所以他能夠成為夜生活之王一點也不令人驚訝──他深深地明白人類是多麼地懼怕光明。

孟德斯鳩
Montesquieu

法國律師、哲學家（1689－1755），憑藉《波斯人信札》在文學界聲名大噪，後來在《論法的精神》一書中所闡述的哲學理論成為美國 1787 年憲法和法國革命家的靈感來源。

　　孟德斯鳩憑藉其三**權分立**原則 —— 行政權、立法權、司法權分立 —— 促成了現代國家的誕生。「當立法權與執政權集中於同一人的手中……，自由便不復存在；……同一個君主，為執行專制統治而制定專制法律，則人民唯有恐懼了。」在法國，政府因此只能提出**法案**，投票決定是否通過的是國會。同理，司法權必須與立法權（若法官是立法者，我們則會屈於獨裁之下）和行政權（否則「法官便會具備壓迫的力量」）分離。權力分開使我們得以遠離權力的濫用。現在請您看看這幅漫畫，然後想像一下這些超級英雄變壞的情景。如果超人擁有了所有的能力，不僅會飛，還能隱身，變成動物……那麼我們將沒有一絲逃出他手掌心的機會。反過來呢，如果這些能力被分割開來，它們之間便可以實現「互相制衡」。可能出現的超人專政會撞上蜘蛛俠（就是那位，可以黏在建築物上的蜘蛛俠）專政，又或者是神奇女俠（那位能麻痺我們的神奇女俠）專政。我們的自由因這場想要奴役我們的人之間的競爭而得到了保證。統治者想要不受法律控制或者通過控制政令的頒發控制一切；議員們熱衷於在一切時刻為一切制定法律；而法官們也夢想着能夠擁有無邊無際的權力，夢想着能夠不斷開創新的法庭先例並扳倒所有的政客。在這三種潛在的專政相互制約下，沒有一種會成為現實。

本質
之缺失

他人即地獄。

有人在嗎？

沙特
Jean-Paul Sartre

頗具爭議的法國哲學家、作家、戲劇家（1905－1980），除了創立存在主義哲學和創辦《解放報》以外，還與西蒙・波娃（Simone de Beauvoir）共同探索出了一種自由情侶關係模式。他曾以不願被禁錮於諾貝爾獎的「本質」為由，拒絕了諾貝爾文學獎。其作品包括：《存在主義是一種人道主義》、《存在與虛無》、《文字生涯》。

沙特認為我們的自由是徹底的。為什麼呢？因為我們是不具備本質的。倘若我們具備本質（一個被預定的真理，存在於某個確定的地方，或是上帝的腦中，或是我們的基因之中，或是我們的潛意識之中……），那麼我們將為它所限定，從而不能擁有無限制進行自我創造的自由。

這種本質的缺失使我們得以區別於動物，同樣也使我們區別於物品。馬有本質，有天性。小馬一出生就知道展開馬蹄、奔跑、吃草。牠的生活和人類孩子的生活相比是如此輕鬆，這是因為小馬有自己的天性。牠只需跟著天性走就可以了！我們就沒有這麼幸運了。我們呢，所擁有的只不過是存在而已。就連您在蘇薇樂・納達爾[1]店裏買來的嬰兒床也是有本質的：在出現於藍色的小房間裏之前，它曾是某位金髮設計師腦中的一個想法。這些物品與動物一樣，真的很幸運……

沙特認為，生而為人，就是在沒有任何一位神有意為之、任何一種天性都不能指導其行為的情況下被扔到存在當中。由此產生了焦慮和自由 —— 其實兩者差不多。由此亦導致了如下習慣的產生：我們始終在拷問他人的看法，並不停地向他人提出同樣的問題：我成功了嗎？我成功地**自我創造**了嗎？

1　蘇薇樂・納達爾（Sauvel Natal）：法國著名嬰兒用品連鎖品牌。

作者簡介

朱勒
Jul

夏爾·佩潘
Charles Pépin

漢語名為白儒亮。1974 年生於巴黎郊區，從文學與人文科學高等學院畢業並獲得歷史學大學教師資格證後，教授過中國歷史，出版過漢學專著，為《查理週刊》、《世界報》、《哲學》等三十多家出版物做插畫，出版過青少年讀物……最終靠漫畫創作成名。

曾獲法國文學與藝術騎士勳章、法國文學與藝術軍官勳章，2017 年被封為法蘭西藝術功勳騎士。

《智者星球》兩冊及《新手柏拉圖》將高深的哲學與逗趣的漫畫融於一體，獲得了巨大的成功。

生於 1973 年，是法國著名的哲學家、作家、記者，畢業於巴黎政治學院、巴黎高商，後通過教師資格考試，成為大學哲學系教授，同時主持哲學論壇，並擔任哲學、心理類電視節目嘉賓。已出版十餘部小說、散文和專著，作品被翻譯成二十多種語言。

《智者星球》及續編是他首次參與的漫畫創作。

傅柯　柏格森　胡塞爾　維根斯坦　列維納斯　斯賓諾莎　摩爾　林拉克利特　黑格爾　笛卡兒　鄂蘭　齊克果　賈夸　孔特－斯蓬維爾　沙特　塞克斯圖斯‧恩不里柯　揚科列維奇　佛陀　翁福雷　蒙田　托克維爾　班雅明　叔本華　海德格　伊拉斯謨　李維　布迪厄　馬克思　塞內卡